Salud y calidad de vida

Dr. Antoni Mirada
Dra. Carme Valls-Llobet

Dar vida a los años

Vivir bien la madurez

Círculo de Lectores

MEJORAR LA SALUD: UN RETO POSIBLE

Las últimas estadísticas indican un aumento indiscutible de la esperanza de vida en todo el mundo. Cada uno de nosotros tiene grandes posibilidades de vivir largos años pero ¿con qué calidad de vida? ¿Podremos evitar que el estrés, la fatiga, el dolor de espalda o de una articulación, las infecciones, la úlcera... o las agresiones del medio externo minen nuestro bienestar? No se debe confiar sólo en la alta investigación científica o en las medidas higiénicas y sanitarias institucionales, también se precisa una toma de consciencia individual: nuestra calidad de vida depende muchas veces de una correcta nutrición, o de un ejercicio bien realizado, o de saber detectar a tiempo los primeros síntomas de las dolencias.

Nace así la colección Salud y Calidad de Vida, de mano de un equipo multidisciplinario de profesionales altamente cualificados que ha hecho un ingente trabajo de concreción para explicar, de forma clara y concisa, los recursos para evitar las molestias y enfermedades, o para tratarlas precozmente, teniendo siempre en cuenta los resultados de las más recientes investigaciones científicas y las directrices de la UNICEF, el Fondo de Poblaciones de las Naciones Unidas y la OMS.

Quiero agradecer desde estas líneas a Círculo de Lectores su esfuerzo para hacer realidad el proyecto de divulgar información básica sobre salud que constituye el apoyo necesario para que cada persona pueda sentirse protagonista del cuidado de su propio cuerpo.

DRA. CARME VALLS-LLOBET
Directora de la colección

ÍNDICE

Larga vida y esperanza de salud

El envejecimiento biológico

Un proceso individual

Problemática específica

Larga vida y esperanza de salud

El ser humano anhela y a la vez teme una larga vida. Desea vivir muchos años, pero a la vez detesta cómo serán sus últimos años. De hecho, este fenómeno es relativamente nuevo ya que hasta comienzos de siglo la esperanza de vida era mucho más corta. Concretamente en EE.UU., la esperanza de vida en el año 1900 era de 47 años y sólo un 4% de la población alcanzaba los 65 años. Hoy en día, un 12,6% supera los 65 años y la esperanza de vida es de 75 años. En lo que va de siglo se ha ganado en expectativa de vida una cifra equivalente a la lograda entre la edad de bronce y el año 1900. Un salto enorme que plantea retos a resolver y una serie de problemas de orden sociopolítico a los que enfrentarse y que no se pueden desvincular de los cambios sufridos en la estructura de las poblaciones.

La esperanza de vida se ha incrementado espectacularmente desde 1900

ESPERANZA DE VIDA EN LA ANTIGÜEDAD

Que las personas en la Antigüedad no vivían tantos años como en la actualidad constituye un axioma. Así, por ejemplo, la duración de la vida en la antigua Grecia se estima que era de 35 años, mientras que en la Roma clásica era incluso más corta: 32 años.

La vejez en la Antigüedad No obstante, estas cifras han sido recientemente discutidas en un trabajo en el que se comparan las fechas de nacimiento y muerte de algunos sectores de las poblaciones griega y romana con tres muestras de poblaciones de períodos diferentes. Los datos de la población antigua se obtuvieron del Oxford Classical Dictionary, teniendo en cuenta en la serie los varones de los cuales se conocieran las fechas de nacimiento y muerte. (No se incluyeron mujeres por considerar que podían diferir en expectativas de vida.) El número total de individuos –por supuesto, todos ellos adultos y que alcanzaron notoriedad– fue de 397. Se apartaron luego los que fallecieron por asesinato, suicidio o muerte en batalla, quedando la cifra reducida a 298. De ellos, se tienen datos seguros de 70 y aproximados de 228.

Los datos actuales se extrajeron del Chambers Biographical Dictionary. Comparando ambos datos se confirmó la hipótesis del trabajo: si se excluían los fallecidos en la infancia y adolescencia y las víctimas de accidentes o muertes violentas, los nacidos antes del año 100 a.C. vivían tantos años como los nacidos con anterioridad al año 1950.

Sin embargo, después del año 100 a.C., se detecta un período en el que la vida se acorta, probablemente en relación con la intoxicación por plomo en tiempos de la Roma clásica, y luego, una prolongación evidente de la vida a partir del 1950, cuyo origen debe atribuirse a los avances de la medicina en las últimas décadas.

La longevidad de estos antiguos ciudadanos no puede ser tomada, no obstante, como representativa de la sociedad de su tiempo. Entonces, como ahora, el estatus socioeconómico influía sobre la calidad de vida y su duración. Sin duda alguna, el resultado sería muy diferente si en vez de basarse en la duración de las vidas de los patricios romanos, el estudio se fundara en datos procedentes de sus esclavos o del pueblo llano.

INCREMENTO DE LA ESPERANZA DE VIDA

Los japoneses tienen la esperanza de vida más alta

Parece claro que, a pesar de los avances médicos, la duración de la vida humana tiene un límite. Los demógrafos, gerontólogos y bioestadísticos, están de acuerdo en que la era de los incrementos rápidos en longevidad humana está tocando a su fin. Incluso si la ciencia pudiese eliminar las enfermedades cardíacas y el cáncer, que constituyen el 50% de todas las causas de muerte, es improbable que la esperanza de vida alcanzase mucho más de 85 años. Unos investigadores norteamericanos calcularon que si por una especie de milagro de la medicina, no falleciese nadie en su país antes de alcanzar los 50 años, el incremento de esperanza de vida sería sólo de tres años y medio. Es muy dudoso que en el futuro, la vida humana pueda alcanzar, en el mejor de los casos, 130 o 150 años, y muy pocos seguirán alcanzando 110 o 120 años.

Vejez y enfermedades crónicas La expectativa o esperanza de vida al nacer actualmente es de:

- 79 años en Japón (la más alta del mundo)
- 78 años en Italia, España o Suiza

Al principio, la mejoría de las expectativas de vida se debió básicamente a la reducción de las enfermedades agudas e infecciosas y de la mortalidad neonatal e infantil pero, más recientemente, se ha relacionado con el declinar de la mortalidad en enfermedades crónicas.

Casi 3/4 partes de todas las muertes en personas de edad se deben a enfermedades crónicas, concretamente enfermedades cardíacas, cerebrovasculares y neoplasias malignas.

Las enfermedades crónicas aumentan su prevalencia con la edad y se aceleran con el paso de ésta. Ello es lógico y se debe en parte a que muchas se manifiestan clínicamente después de un largo período de latencia. Las artritis, la hipertensión, las dificultades de tipo auditivo y las enfermedades cardíacas constituyen en conjunto el 60% de las patologías que afectan a las personas de edad. Aunque no todas las afecciones crónicas amenazan la vida o comprometen la capacidad funcional, es cierto que el riesgo de alcanzar alguna incapacidad aumenta a partir de los 65 años:

Las incapacidades funcionales suelen derivar de una enfermedad crónica

- Entre los 65 y 74 años, un 6,7% de personas, requerirá asistencia a nivel de cuidados personales
- Entre los 75 y 84 años, el dato se dobla: 15,7%
- A partir de los 85 años, cuando se entra decididamente en el proceso de la vejez, alcanza un 44%

Aunque con la edad aumenta el riesgo de la morbilidad e incapacidad, no puede establecerse en sentido estricto, una relación entre ambos conceptos y una edad concreta. Si bien son pocos los ancianos libres totalmente de achaques, en la mayoría de ellos, la incapacidad funcional derivada de una enfermedad crónica.

Próximo reto: incremento de la esperanza de salud El notable incremento de la longevidad lleva forzosamente a plantearse como próximo objetivo el lograr un incremento paralelo en la salud. Es decir, una esperanza de vida activa satisfactoria. Una larga vida con una vejez corta. Una vida que pueda seguir siendo autónoma, alegre y solidaria.

En el fondo, el estado de salud de las personas mayores es substancialmente mejor de lo que habitualmente se tiende a creer. La dependencia total y la necesidad de permanecer recluidos en un centro institucional por razones estrictas de salud corporal afecta en EE.UU., por ejemplo, a un 5% de la población de edad avanzada. La mayoría conserva las facultades psíquicas y funcionales que les permiten llevar a cabo sus actividades diarias.

A partir de una cierta edad las dificultades van en aumento y, a partir de los 85 años, la proporción de personas que requieren ayuda permanente alcanza cifras del 40% o incluso algo más.
De hecho puede afirmarse que quienes viven sin incapacidades a los 65-70 años tienen una buena perspectiva por delante, ya que la probabilidad de mantenerse en la misma condición es al menos de un 60%, mientras que a partir de los 85 años la proporción de años con probabilidad de mantenerse autónomo se reduce al 40%.

DEMOGRAFÍA DEL ENVEJECIMIENTO

La población de más de 80 años está aumentando

El envejecimiento de las poblaciones, como el de los individuos, es inevitable. La edad de una población se mide por la proporción de personas de más de 65 años sobre el total de la población y esta proporción aumenta rápidamente. Uno de los fenómenos que se observa en bastantes países es el de la tasa de crecimiento del segmento de los realmente viejos (80 o más años) que actualmente crece a un ritmo aún mayor que la de los demás. Los futuros

incrementos en el número relativo de personas de edad de una población dependen primariamente de lo que suceda con la fertilidad.
Todo ello conlleva una serie de implicaciones, especialmente de orden sociopolítico, que no debemos lamentar sino más bien prepararnos para afrontar. Alargar la vida humana es una victoria que merece ser completada con un esfuerzo para garantizar su calidad.

Algunos datos En Estados Unidos la población de edad ha crecido en una proporción doble que la correspondiente a la población total. En los próximos años, este crecimiento se desacelerará algo, pero entre el 2010 y el 2030 la llamada «generación del baby-boom» alcanzará los 65 años, con una media de incremento de 1,3 millones anuales de personas de edad. Posteriormente habrá una cierta disminución en el ritmo de crecimiento que corresponde a la «generación del baby-bust», que va de finales de los años 60 hasta finales de los 70.

Países	Tienen más de 65 años				Tienen más de 80 años	
	1990	%	2020	%	1990 (%)	2020 (%)
Suecia	1.527.000	18	1.975.000	22,9	4,4	6,3
España	5.246.000	13,4	8.162.000	20,2	2,8	6,4
EE.UU.	31.560.000	12,6	52.067.000	17,7	1,9	2,9
Japón	14.655.000	11,9	31.904.000	25,7	2,3	7,5

A comienzos de siglo, Estados Unidos era demográficamente un país muy joven, con una población de edad que constituía un 4% del total. En 1950, la estructura de edades se había modificado, con un 8,2% de personas de edad mayor y podía considerarse, por tanto, como una población madura. En 1980, el 11,2% lo constituían las personas mayores de 65 años y estructuralmente podía ya hablarse de una población vieja. Aún así, estaba lejos de ser la población más envejecida de entre los países desarrollados. Suecia, Alemania, Japón y la misma España, superaban junto a otros países europeos, esta frontera.

Repercusiones económicas En EE.UU., en 1980, 19 jubilados se beneficiaban de las hipotéticas contribuciones de 100 personas en edad de trabajar y todo induce a pensar que en el año 2000 la cifra se elevará a 22 y en el año 2048, a 38, es decir el doble que en 1980. Ello implica indudablemente un aumento de las cargas financieras sobre los que trabajan si el actual sistema intergeneracional de transferencias continúa en el próximo siglo. Si a ello se añade, el progresivo retraso de los jóvenes a formar parte de la fuerza de trabajo y la tendencia a la jubilación anticipada, estas cifras pueden verse incrementadas.

La esperanza de vida de la mujer es más alta que la del hombre

DIFERENCIAS ENTRE SEXOS

Aunque nacen cada año más hombres que mujeres, la mortalidad masculina es mayor que la de la mujer, en todas las edades, y a partir de los 30 años, la proporción femenina es usualmente mayor. La mujer supera en esperanza de vida entre 7 y 8 años al hombre. Así, entre los 65 y 69 años por cada 100 hombres hay 120 mujeres y, a los 85 años, el número de mujeres es de 256 por cada 100 hombres.

Un 75% de esta disparidad hay que atribuirlo a enfermedades y accidentes. La mortalidad del varón es mayor a causa de enfermedad coronaria, cáncer de pulmón, enfisema pulmonar, cirrosis hepática y accidentes, tanto de tránsito como en la industria. Queda por averiguar, si el otro 25% puede atribuirse a factores hormonales, genéticos, o diferencias en la función inmune o en el estilo de vida.

Ejemplo de la evolución de la población en un país desarrollado: Gran Bretaña

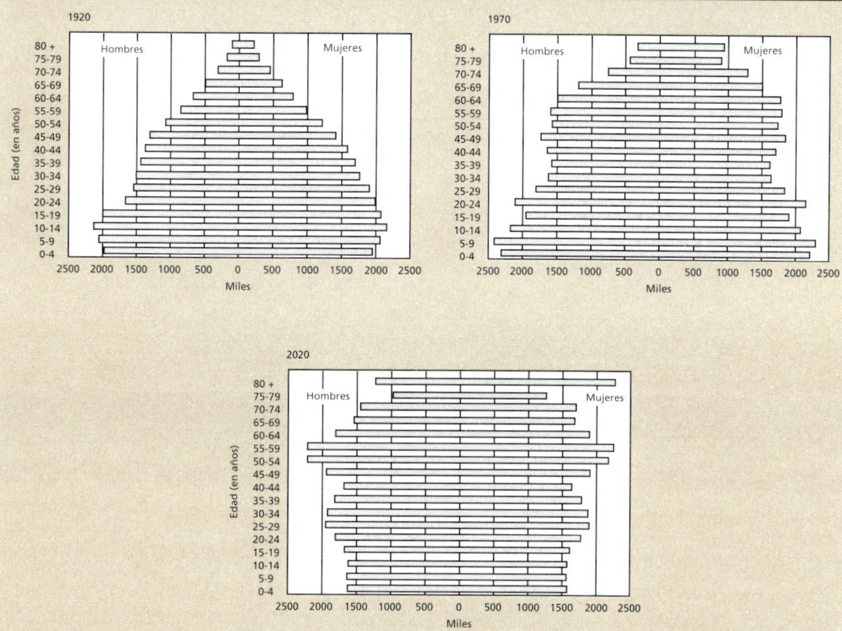

El envejecimiento biológico

El envejecimiento biológico se inicia en la membrana de las células, que se hace más rígida y menos permeable al intercambio de iones y de agua entre el líquido extracelular y el interior de las células.

Sin embargo el ser humano suele darse cuenta del envejecimiento antes que nada por cambios más o menos sutiles en la piel y en los órganos de los sentidos. Más precisamente, cambios de apreciación del gusto, del olfato, pérdida de la agudeza visual, disminución de la precisión del oído y diferencias en el tacto.

EL GUSTO Y EL OLFATO

Los sentidos del gusto y del olfato disminuyen con la edad, especialmente el del olfato. Los cambios se producen por una progresiva alteración en las vías de conducción nerviosa, que pierden su sensibilidad; estos cambios se suman a la pérdida de receptores del gusto en la superficie de la lengua y olfato de la mucosa que tapiza la nariz.

El sentido del gusto

Localización predominante de los tipos de papilas según su capacidad de captar distintos sabores

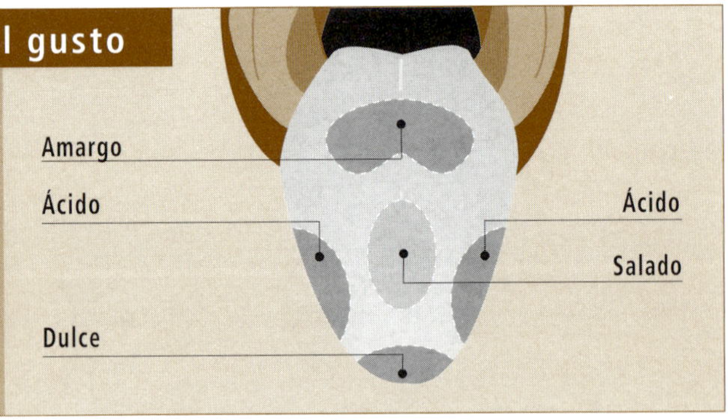

Las sensaciones del gusto se localizan en distintos lugares de la lengua, en función del tipo de papilas existentes.

- En la parte delantera se aprecia el gusto dulce.
- En la posterior, el amargo.
- En las partes laterales, la sensación de acidez.
- En la parte central, el gusto salado.

Las pérdidas gustativas por la edad, se establecen desde la punta de la lengua hasta su parte posterior, con una pérdida, primero, de la sensación de dulce y, después, del salado, por lo que a medida que avance la edad el sabor predominante de los alimentos va a ser amargo o ácido.

Estas pérdidas no se producen bruscamente sino que la intensidad de los sabores disminuye poco a poco y aparecen dificultades para distinguir los diversos gustos de comidas y bebidas. En realidad, disminuye el umbral necesario para sensibilizar el receptor, por lo que si se **refuerza el estímulo** se puede recuperar el paladar pérdido. Esto plantea la necesidad de intensificar el sabor de las comidas añadiendo hierbas aromáticas o provocando estímulos gustativos, mediante gustos contrastados, como la comida agridulce, las salsas, los condimentos que permitan mantener el placer y la captación de la diversidad del gusto.

Intensifique el sabor de los platos para seguir disfrutando del placer de comer

Favorecer la sensibilidad del gusto y del olfato

Existen factores externos que disminuyen la sensibilidad del gusto y del olfato; intente evitarlos:

- Las deficiencias crónicas de vitamina B12, B3, niacina y del mineral cinc, producen pérdidas gustativas.
- El tabaco.

• Tomar las comidas y líquidos muy calientes.
• El alcohol de alta graduación, por la atrofia que produce en las papilas de la lengua.
• Las infecciones virales, las infecciones de garganta, nariz, senos (sinusitis) o de los dientes y encías, como la piorrea, que también pueden alterar la sensación gustativa pero que no obstante se recupera al corregir la enfermedad.
• Algunas enfermedades crónicas como la diabetes, la esclerosis múltiple o el hipertiroidismo, que disminuyen la conducción neuronal.
• Muchos medicamentos que se suelen recetar en las últimas décadas de la vida pueden alterar el gusto y olfato; entre ellos destacaremos algunos vasodilatadores como la oxifedrina, fármacos para disminuir el colesterol como el clofibrato, algunos antibióticos como la ampicilina, medicamentos para disminuir la tensión arterial como el captopril, relajantes musculares como el baclofen, medicamentos contra la enfermedad de Parkinson, algunos antinflamatorios como la fenilbutazona, el antialopurinol para disminuir la formación de ácido úrico, medicamentos contra el exceso de hormona tiroidea como el carbimazol, la codeína, la morfina, y psicofármacos como la carbamacepina.

Tomar líquidos o comidas muy calientes disminuye la sensibilidad del gusto

Dada la extensión de la lista de fármacos sería conveniente consultar el prospecto de cada uno de los medicamentos que se toman, antes de aceptar como consecuencia del envejecimiento la aparición de una deficiencia.

En algunos casos el fármaco causante de la deficiencia no se puede suprimir; como en las naturales pérdidas funcionales de la edad, es mejor aumentar el sabor, la diversidad y la presentación de los alimentos para estimular el gusto.

CAMBIOS EN LA VISIÓN

A medida que avanza la vida, los cambios en la visión suelen ser los primeros en producirse.

- **Pérdida de la capacidad de acomodación.** Muchas personas, a partir de los 40 años, pierden la capacidad de enfocar los objetos cercanos para coser, por ejemplo, y sobre todo notarán que les es preciso alejar cada vez más el periódico o el libro para poder leer correctamente la letra pequeña, hasta que llega un momento en que esta maniobra tampoco les permite la lectura, sobre todo si se acompaña de trastornos en la agudeza visual.

La pérdida de acomodación se debe al endurecimiento del cristalino y puede solucionarse utilizando gafas correctoras para la visión próxima. Las personas que ya tuvieran

Las partes del ojo

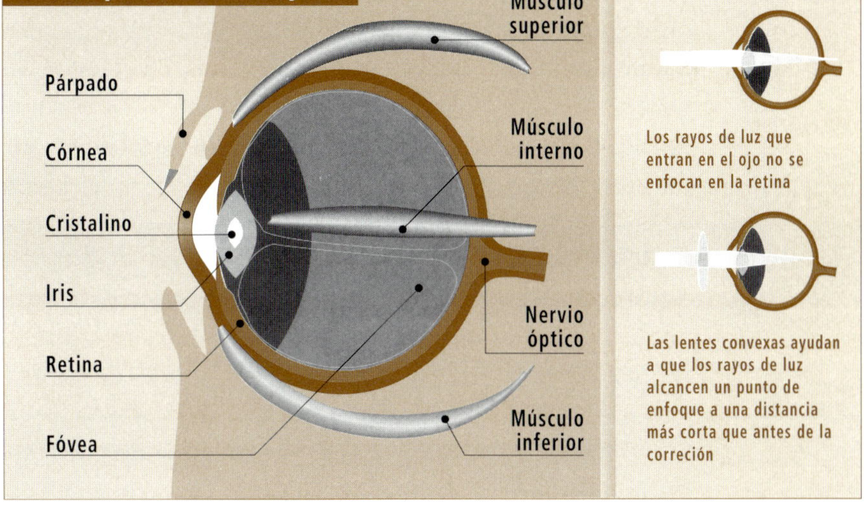

con anterioridad una alteración de la visión cercana (hipermetropía), deberán revisar su graduación consultando con un oftalmólogo, y reforzar la corrección de sus gafas. En cambio, las miopes, al tener una mejor visión cercana, seguirán leyendo mejor si no utilizan las gafas.

• **Visión nocturna.** Un problema que aparece hacia los 50 años de edad, es la falta de adaptación a la poca iluminación. En estos casos se presenta una pérdida de la agudeza visual, al final del día, a la hora de la penumbra, ya que la pupila que tiene que dejar entrar la luz en el interior del ojo para que llegue a la retina, ha reducido su tamaño y precisa una mayor iluminación para poder ver.

• **Deslumbrarse.** También en esta etapa, la pupila pierde elasticidad para dilatarse o contraerse con rapidez según los cambios de luz. Así, es fácil que la persona se deslumbre con la presencia de faros o focos y que se confunda con los cambios bruscos de iluminación, por lo que se producirán dificultades para la conducción nocturna.

A partir de una cierta edad es mejor no conducir de noche

Existe también una mayor susceptibilidad a la claridad, porque la luz se dispersa más intensamente dentro de todo el globo ocular, aumentando las dificultades en la conducción de vehículos incluso de día, si la luz solar incide directamente en los ojos.

• **Visión periférica.** Después de los 55 años, se reduce el campo de visión y la percepción de la profundidad por la pérdida de visión periférica. Se hace difícil calcular la distancia entre objetos y la visión en tres dimensiones de los mismos que pueden parecer como situados en el mismo plano. Todas estas pérdidas se establecen paulatinamente y muchas veces no son advertidas por las personas que las padecen; sólo se aprecian pequeños cambios de comportamiento: se evita conducir el coche tanto como antes, por ejemplo, o, en otro orden de cosas, comer pescado porque se tienen dificultades para ver las espinas; se producen pequeños accidentes domésticos, caídas en la calle por no ver bien algún socavón o bien no se distingue la profundidad de un escalón o el borde de una acera.

A partir de los 40 años, es necesario realizar revisiones anuales de la agudeza visual. Se ha calculado que más de un 70% de personas mayores de 50 años necesitan correción visual. La revisión debe ser realizada por **un/a oftalmólogo/a**, que puede detectar los problemas de pérdida de visión debidos a defectos de la mácula lútea. Ésta es una zona de la visión dentro de la retina, situada al lado del nervio óptico, que puede verse afectada por alteraciones circulatorias de las arterias retinianas, por diabetes o por arterioesclerosis. Si sólo se realiza una correción visual óptica, sin examen oftalmológico, pueden pasar desapercibidas algunas causas de la pérdida visual que pueden tener graves consecuencias para la visión en el futuro.

A partir de los 40 años acuda anualmente al oftalmólogo

LAS COMPLICACIONES DE LA VISION

que no se deben sólo a cambios funcionales debidos a la edad sino complicaciones orgánicas muy extendidas entre la población son: las cataratas, el glaucoma, la enfermedad vascular de la retina, y la degeneración macular senil.

- **Las cataratas.** Son un trastorno de la transparencia del cristalino. El cristalino es flexible –se relaja y se hace más grueso para ver objetos próximos o se estira y se hace más fino para ver objetos más lejanos– y enfoca así la luz sobre la retina. Pero a medida que avanza la edad, el cristalino aumenta de tamaño y de grosor; se vuelve rígido y pierde su transparencia y elasticidad; son las cataratas, que afectan progresivamente la visión.

La cápsula que rodea al cristalino también se hace menos permeable y más densa. Es fácil deslumbrarse con la luz solar y los objetos se ven borrosos y distorsionados sin apreciar sus exactos límites.

A veces también cambia la visión del azul puro que pasa a verse como azul verdoso.

El envejecimiento es la causa más común de las cataratas que pueden deberse también a accidentes, enfermedades oculares o metabólicas (diabetes) o a ciertos fármacos.

Las cataratas pueden ser una causa de caídas frecuentes por pérdida de visión

Con la utilización de gafas correctoras se puede mejorar la visión durante un tiempo si la catarata no avanza rápidamente; es importante en este caso el control periódico por el oftalmólogo. Actualmente, es posible implantar una lente artificial que sustituye al cristalino, lo que constituye la base de la cirugía de las cataratas. Antes de realizar la intervención, se deberá comprobar que el estado de la retina sea completamente normal ya que en caso negativo, la intervención quirúrgica sería inútil.

- **El glaucoma.** El glaucoma consiste en una alteración del drenaje del líquido que baña la cámara anterior del ojo, cambio que afecta la presión interna del mismo. Cuando esta presión aumenta, produce una compresión del nervio óptico que puede conducir a la ceguera.

• A veces, cuando el glaucoma es el denominado de ángulo abierto, se presenta de forma crónica e insidiosa y produce muy pocos síntomas, siendo los controles períodicos los únicos que permitirán la detección precoz, antes de que produzca alteraciones en el nervio.

• En los casos en que existe un tipo de glaucoma de ángulo estrecho, el principal síntoma es el dolor en los ojos, a veces, agudo e intenso, con enrojecimiento de ojo u ojos, lagrimeo, dolor de cabeza frontal o en sienes muy fuerte y que no debe ser confundido con el dolor de cabeza de tipo migrañoso. Se diagnostica por la toma de tensión ocular que realiza el oftalmólogo en la consulta y que debería hacerse de forma sistemática, una vez al año, en todas las personas mayores de 60 años. Existe un tratamiento farmacológico paliativo de la hipertensión ocular, mediante colirios son prescritos y administrados por el médico. Si el tratamiento con medicamentos no disminuye la tensión ocular, se debe proceder al tratamiento quirúrgico para evitar la atrofia del nervio óptico y la consiguiente ceguera.

Hágase controlar anualmente la tensión ocular

• **Degeneraciones crónicas de la retina.** La retina es la mucosa que tapiza la parte interior del ojo, a través de la cual se comunica la información visual que ha entrado por la pupila a las estructuras del nervio óptico y a la zona cerebral que interpreta y reconoce la visión, sobre todo para la percepción del movimiento y la luz en general. La retina, está ricamente vascularizada por pequeños vasos, arterias y venas que tapizan su tejido. Todas las enfermedades que puedan afectar la elasticidad y el grosor de las arterias, pueden producir salidas de sangre o líquido procedentes de los vasos sanguíneos hacia el tejido de la retina, dificultando la visión y provocando también degeneración de la zona que capta la visión. La hipertensión arterial crónica, es una primera causa de retinopatía, así como la diabetes mellitus, y los excesos de colesterol que produzcan arterioesclerosis cerebral.

- **Degeneración senil de la mácula.** La mácula, es la zona de la retina esencial para una buena visión sobre todo para la lectura y para distinguir el color. Tiene medio centímetro de diámetro y está localizada en la parte posterior del ojo, al lado del nervio óptico. Está llena de células fotoreceptoras (capaces de captar la luz y discriminar el color), que van disminuyendo en número a medida que avanza la edad, pierden su núcleo y en consecuencia su eficacia. En la mayoría de casos se afectan ambos ojos, sin embargo, la degeneración no se presenta exactamente igual en los dos. Aunque no existe ningún tratamiento específico todavía, se ha recomendado evitar la exposición a la luz solar directa en los ojos, llevar gafas de sol a partir de los 65 años, para proteger la retina de estos cambios.

Es muy recomendable cuidar la iluminación del lugar de trabajo y de la vivienda

Es importante que cualquier pérdida de la visión durante alguna de las horas del día o una distorsión de la visión del color, se comunique rápidamente al oftalmólogo.

Las personas que han tenido problemas de visión desde su juventud, con pérdidas que oscilan entre la cuarta parte o la mitad de la agudeza visual, pueden sufrir a partir de los 60 años, una pérdida de visión acelerada que se incrementa de los 70 y 80 años. Por todo ello, se recomienda cuidar mucho las condiciones de iluminación de los lugares de trabajo y de la vivienda, en especial, pasillos, escaleras, rincones y despensas, para compensar las pérdidas funcionales asociadas con la edad.

CAMBIOS AUDITIVOS

El sentido del oído es uno de los más afectados con el paso del tiempo. Ya desde los 20 años disminuye la audición de los tonos puros, con una mayor pérdida en los hombres frente a las mujeres. Se ha demostrado que casi una tercera parte de personas mayores de 65 años presenta una pérdida de la audición suficiente como para necesitar ayuda en la vida diaria. A partir de los 60 años se precisa un aumento del volumen de la voz para mantener una conversación, ya que existen muchas más interferencias con el ruido de fondo.

La extracción de cerumen mejora la audición

Las pérdidas auditivas se deben a muy diversas causas:

- Se denomina sordera de conducción la que se produce por un obstáculo en la trasmisión del sonido por la vía aérea o por los huesos que vibran a lo largo del conducto auditivo medio.

Es muy frecuente que se acumule cera en el conducto auditivo externo, ya que las paredes del conducto pierden su elasticidad y la edad favorece la disminución de la función tiroidea aumentando la producción de cerumen. En estos casos, la sordera producida es de fácil solución con la extracción del tapón de cera, por parte del médico especialista. Se recomienda no tratar de hacerlo por medios mecánicos (palillos o agujas) ya que hay el peligro de lesionar la piel del conducto o incluso el tímpano.

No obstante, los palillos con un final de torunda de algodón van bien en la ducha diaria para limpiar la cera que se produce en la parte más exterior del conducto.

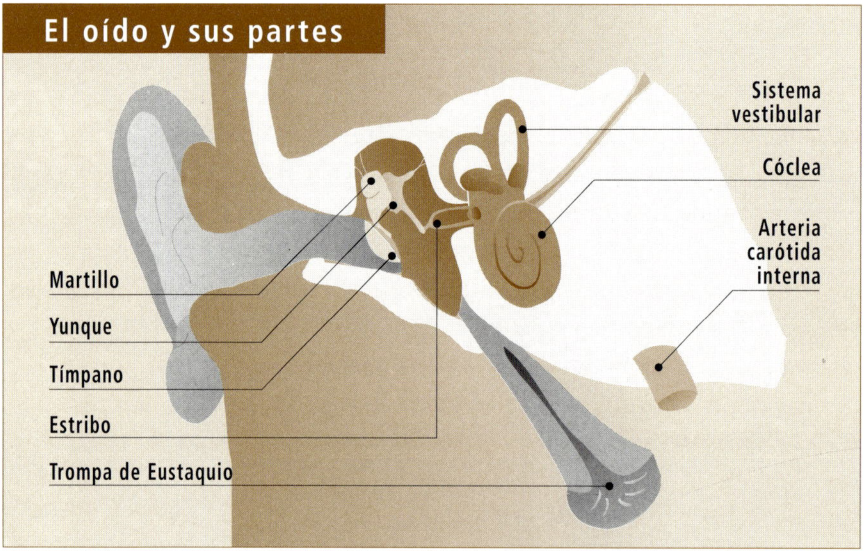

- **En el oído medio,** las alteraciones principales son:
  - Cambios de la elasticidad del tímpano que se vuelve rígido y deja de vibrar, sobre todo con las altas frecuencias.
  - Con la edad también se producen degeneraciones artríticas de las articulaciones que constituyen la parte ósea de la conducción y que conectan el martillo, yunque y estribo.
  - Las infecciones, los traumatismos o los ruidos excesivos también pueden alterar la audición.
  - Existen enfermedades de los huesos que pueden producir sordera de conducción como la osteogenesis imperfecta o la enfermedad de Paget.
- **En el oído interno** se producen los efectos de la alteración de la membrana basal que se vuelve menos elástica y reduce su capacidad de discriminar sonidos altos –se denomina presbiacusia sensorial– deteriorándose la percep-

ción de altas frecuencias, sin que se altere la discriminación de la palabra hablada. Disminuye la capacidad de identificar consonantes (*s*, *z*, *t*, *f* y *g*).

- Existen también pérdidas de los receptores del sonido en la cóclea y pérdidas de la eficacia del nervio auditivo, lo que produce una presbiacusia neuronal, en la que se pierde la comprensión de la palabra hablada, ya que no hay conducción del sonido a las estructuras superiores del cerebro que deben interpretarlo.
- El ruido crónico puede afectar de forma progresiva la conducción sensorial, hasta provocar problemas en la vejez. Las personas que han vivido siempre en zonas rurales y que no han estado sometidas a ruidos excesivos, como puede ser el de una fábrica de tejidos, tienen menos alteraciones sensoriales de este tipo.

El ruido crónico puede afectar de forma progresiva al oído

- La otoesclerosis de la cóclea produce una sordera de percepción e intensifica la conducción ósea frente a la aérea. Se puede presentar a partir de los treinta años pero es más frecuente a partir de los cuarenta y más intensa en mujeres que en hombres. Se pierde la audición de todas las frecuencias. Las personas que padecen esta enfermedad hablan en voz baja, ya que creen que producen un sonido más alto del que realmente emiten. También es fácil que al comer cualquier alimento que produzca una masticación ruidosa, no puedan oír bien, ya que la conducción ósea del sonido, supera en intensidad a la aérea. Se están utilizando tratamientos médicos y quirúrgicos para detener la otoesclerosis, con buenos resultados.
- La conducción neuronal se puede afectar por fármacos que son ototóxicos y de hecho los fármacos tóxicos para

el nervio auditivo, suelen ser, en los ancianos, una de las principales causas de sordera de percepción que puede convertirse en sordera grave. Recomendamos a todas las personas mayores de 60 años que antes de tomar un fármaco lean cuidadosamente los efectos secundarios y en caso de existir peligro de toxicidad para el oído, consulten otra vez con el médico que lo ha recetado para hacer un control adecuado de la dosis y una valoración de los riesgos-beneficios de su administración.

Ciertos fármacos afectan al nervio auditivo

• La interpretación del sonido y del habla se realiza en determinadas zonas del cerebro, que, con la edad, pueden perder su eficacia por una disminución del número de neuronas o bien de su riego vascular. En estos casos, aparecen serias dificultades, en la discriminación de la palabra hablada, sobre todo cuando en el ambiente o en la misma habitación compiten otros ruidos, como música de fondo u otras personas hablando.

Los acúfenos También denominados «tinnitus», son muy frecuentes a medida que avanza la edad. Son ruidos en forma de zumbidos, timbres o pitidos que proceden del mismo oído y que se manifiestan en casi un 80% de las personas mayores en algún momento del envejecimiento. Se cree que es una consecuencia de vivir con demasiados ruidos alrededor y se presenta con mayor frecuencia en las personas que viven en las ciudades. También pueden producirse por cambios en la composición o cantidad de la endolinfa –líquido que circula por el oído interno– que, en situaciones de estrés crónico y cansancio, puede aumentar. La administración de fármacos, como el ácido acetilsalicílico, puede aumentar los acúfenos. Es recomendable consultar al médico cuando se advierta esta molestia.

Los audífonos Antes de colocarse un audífono, debe realizarse un estudio completo. Hasta hace poco se creía que un audífono no era eficaz en un anciano pero se ha demostrado que con una buena motivación y con instrucciones claras de cuando debe abrirlo o cerrarlo se pueden mejorar casos de sorderas de conducción y algunas de las sorderas de percepción.

El ácido acetilsalicílico puede afectar al oído

Cómo mejorar las condiciones auditivas

- Evitar las exposiciones crónicas a ruidos excesivos.
- Evitar fármacos ototóxicos, sobre todo el ácido acetilsalicílico, en caso de acúfenos.
- Evitar el exceso de fatiga y situaciones de estrés.
- Consultar con el médico a las primeras señales de pérdida de audición, sin resignarse a calificar las sorderas como problemas de la edad. En muchos casos se pueden corregir con audífonos adecuados.
- Mantener conversaciones y no quedarse aislado pues al cesar el estímulo se atrofian más las conducciones nerviosas.

EL SUEÑO Y SUS OSCILACIONES

A medida que avanza la edad, es más difícil dormir ocho horas seguidas. Es frecuente que las personas mayores de 60 años se despierten de cuatro a seis veces cada noche, aunque no lo recuerden. El sueño se hace más ligero y cada vez es más difícil volverlo a conciliar. El tiempo en que se permanece despierto entre sueño y sueño es de unos 20 minutos.

Los REM Durante el sueño, existen unos movimientos rápidos del ojo (en inglés Rapid Eye Movement) que coinciden con las fases iniciales del sueño, y otros lentos relativos a las fases de sueño profundo.
A partir de los 60 años, esta etapa de ondas lentas se reduce mucho en las cuatro primeras horas de sueño y se reparte con un patrón distinto al de la juventud, durante el resto de la noche.

Relajarse antes de ir a dormir, palía el insomnio

Apnea del sueño Es cuando, estando dormido, se deja de respirar durante unos diez o más segundos; esta apnea puede acompañarse de desarreglos en el ritmo cardíaco y agravar problemas previos del corazón.
Los trastornos del sueño pueden deberse a problemas socioambientales, de soledad, preocupaciones económicas o malas relaciones familiares que aumentan los niveles de ansiedad y hacen muy difícil conseguir un sueño reparador. Además, la edad favorece el desarrollo de pensamientos obsesivos que aumentan en las horas nocturnas, por ello se recomienda rodear las horas previas al sueño de música y lecturas relajantes, y evitar las discusiones durante o después de la cena. Igualmente es preferible no revisar documentos económicos ni cuentas bancarias ni realizar trabajos pendientes antes de acostarse pues estas cuestiones suelen producir insomnio.

LA REGULACIÓN DE LA TEMPERATURA

El cuerpo humano tiene mecanismos neurológicos y endocrinos para mantener y regular la temperatura corporal. Estos sistemas se hacen más ineficaces a medida que avanza la edad o por la toma de ciertos medicamentos. Por ello, las personas mayores, sobre todo a partir de los 70 años, se hacen más vulnerables al frío y al calor. En los días más calurosos del verano deben recordar la importancia de una buena ventilación del hogar, evitar salir a la calle a las horas de más sol y beber agua suficiente. En invierno, deben abrigarse más de lo que solían hacerlo a otra edad. La temperatura ambiente mínima recomendada para ellas es de 18° y la óptima oscila entre 21° y 26°.

Las personas mayores se hacen más vulnerables al frío y al calor

- **Hipotermia.** Es un proceso que se desencadena cuando una persona pasa mucho frío durante un tiempo prolongado. Su temperatura corporal desciende progresivamente. Al llegar a los 35° se inicia un temblor generalizado del cuerpo para estimular la combustión de las reservas de glucógeno. Cuando la temperatura llega a 33° se generaliza una rigidez muscular y la confusión mental va aumentando al mismo tiempo que van disminuyendo la frecuencia de las respiraciones y el ritmo cardíaco y, si el proceso no se detiene, puede entrarse en coma.
- **Golpe de calor.** Le puede suceder a una persona mayor cuando la temperatura ambiental aumenta hasta los 32°, debido a que el cerebro, y en concreto el hipotálamo, reacciona con mucha más lentitud ante los estímulos del calor y tarda en provocar los fenómenos de refrigeración del cuerpo: la sudoración y la dilatación de los vasos sanguíneos. A medida que aumenta el calor se producen delirios, agitación, coma y muerte.

CAMBIOS EN EL PESO Y METABOLISMO

Las personas jóvenes tienen una capacidad de reserva orgánica y funcional de todos sus órganos y sistemas corporales de cinco a diez veces mayor que la necesaria para mantener las actividades mínimas corporales pero, a medida que avanza la edad, estas reservas disminuyen y el cuerpo no está tan preparado para poder resistir las agresiones del medio ambiente o las enfermedades que se puedan presentar.

Por ello se hace cada vez más importante cuidar la dieta, a medida que avanza la edad. Debe ser:

- Muy equilibrada.
- Con una mayor proporción de vitaminas y minerales, ya que su absorción y almacenamiento se hace más deficiente con la edad.

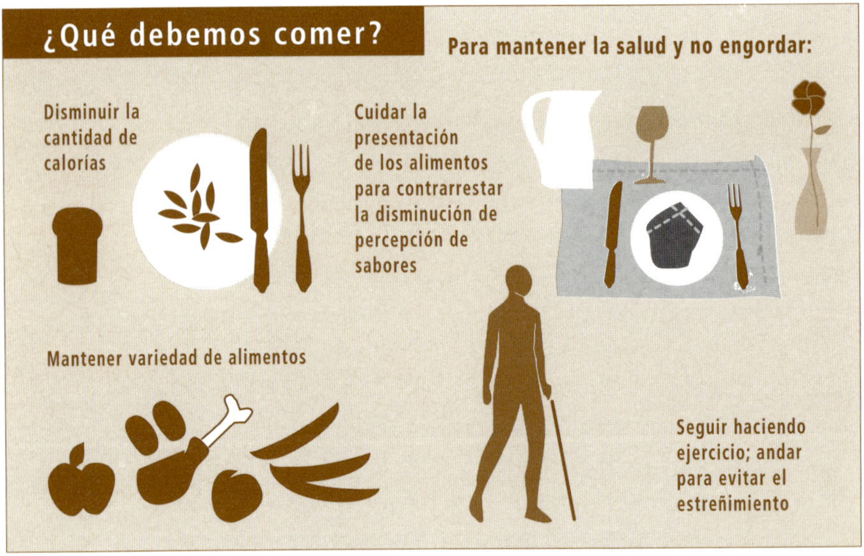

• Es importante comer poco y a menudo para favorecer la absorción y digestión de los nutrientes esenciales y no sobrecargar el estómago.

¿Envejecimiento o nutrición deficiente? Muchos de los cambios fisiológicos como la flacidez muscular, la atrofia de la piel y la musculatura, que en el pasado se atribuían al envejecimiento, se deben a la pobre nutrición y a la falta de ejercicio. La esperanza de vida se ve disminuida por la biografía personal, el estrés sufrido y sobre todo por el tipo de nutrición, que si no prolonga la vida directamente, sí que preserva la forma corporal y previene enfermedades concomitantes, como las infecciones.

Procure comer menos pero coma alimentos de gran calidad

¿Qué debemos comer? La calidad de los nutrientes debe cuidarse ya que el metabolismo basal disminuye progresivamente –a los ochenta años es un 20 % inferior que a los cuarenta–, y si no se aumenta el ejercicio físico, se precisarán menos calorías por lo que se tenderá a engordar si se come igual que en las épocas jóvenes. Además, hay una tendencia del cuerpo a eliminar tejido magro y masa muscular con un aumento de la proporción corporal de tejido graso.

PESO CORPORAL Y EDAD

A pesar de las campañas realizadas en contra de la obesidad y de la obsesión de jóvenes y adultos por mantenerse delgados, se ha comprobado en estadísticas recientes del Instituto Nacional del Envejecimiento de Estados Unidos, que los individuos delgados presentan una mortalidad más elevada que las personas con peso normal o con una obesidad moderada.

Las últimas tablas de peso recomendado indican como normal un progresivo aumento de peso a partir de los 50 años de edad siempre que no supere el 20% sobre el peso ideal anterior. Más de este 20% podría ya ser perjudicial para la salud. El sobrepeso se ha asociado, en los hombres, con un aumento de los tumores de recto o próstata y, en las mujeres, con un aumento de cáncer de mama, ginecológico y de vesícula biliar. Sin embargo, las personas excesivamente delgadas sufren más enfermedades sobreañadidas, más tendencia a las infecciones y a la descalcificación ósea con la presencia de osteoporosis.

A partir de los 50 años se recomienda un 10 o 20% más de peso que a los más jóvenes

Metabolismo del agua Con la edad disminuyen las ganas de beber por un deficiente funcionamiento de los centros situados en la base del cerebro. Estos centros están regulados por la acción de unos neurotransmisores, los péptidos opioides, que actúan como derivados de la morfina propios del cuerpo, y que están relacionados con la satisfacción y el placer. Si estos neuropéptidos no están bien regulados se pierde la capacidad de desear intensamente beber o comer.

La función renal y el número de unidades renales funcionantes (nefronas), disminuyen a partir de los 40 años por lo que es más difícil para el riñón diluir y concentrar la orina y la regulación del líquido corporal se hace más vulnerable a las agresiones externas.

Por ello es útil mantener constantemente el estímulo con

Calorías diarias recomendadas		
Edad	Hombres	Mujeres
60-65	2.300 Kcal	1.800 Kcal
65-70	2.200 Kcal	1.500 Kcal
70-75	2.000 Kcal	1.500 Kcal
75-80	1.800 Kcal	1.400 Kcal

agradables formas de presentación de los líquidos, o simplemente a temperatura agradable, frescos en verano e infusiones templadas en invierno.

Las cantidades de líquido, recomendadas por día (puede ser agua, sopas, o infusiones) se pueden calcular:

• En relación con las calorías diarias ingeridas: Un centímetro cúbico de agua por kilocaloría. Así, un varón al que se recomienda ingerir de l.600 a 2.500 Calorías/día, deberá beber la misma cantidad en líquidos, de 1,5 a 2,5 litros.

Una mujer que debe ingerir de 1.200 a 2.000 Calorías por día deberá beber de 1,2 a 2 litros de líquido por día.

• En relación con el peso corporal: Por cada kilo de peso corporal se precisan unos 30 cm^3 de líquido al día. Así, una persona que pese 70 Kg debería beber unos dos litros de agua al día.

Beba más si está tomando diuréticos

Existen casos en que por condiciones ambientales (sequedad, calor, viento o estados febriles) aumentan las necesidades de agua del organismo y se puede sufrir deshidratación, frecuente tanto en ancianos como en niños. También deben beber más los que estén tomando diuréticos o las personas que sufren estreñimiento. El médico debe indi-

car la cantidad de líquidos a beber en presencia de ciertas enfermedades como la insuficiencia cardíaca congestiva, la insuficiencia de riñón, las enfermedades de hígado, la secreción inadecuada de la hormona antidiurética, la incontinencia de orina o la hipertrofia de próstata.
Dado que casi un 70 % del contenido de las células del cuerpo humano es agua, es muy importante mantener el equilibrio de los líquidos de nuestro organismo para retrasar el envejecimiento celular y mantener la dinámica de su función.

NECESIDADES ENERGÉTICAS

Los nutrientes esenciales, hidratos de carbono, proteínas y grasas, continúan siendo necesarios casi en la misma proporción que en los años jóvenes de la vida.

Con la edad se suele sufrir una progresiva intolerancia a los hidratos de carbono

Los hidratos de carbono que aportan 4 Calorías por gramo, deben constituir de un 50 a un 60% de la dieta. Sin embargo a medida que aumenta la edad, existe una progresiva intolerancia a los hidratos de carbono:
Si una persona mayor de 50 años come el equivalente a 50 gramos de glucosa, al cabo de una hora, los niveles de azúcar en su sangre serán mucho más elevados que en los años jóvenes, sin ser por ello diabética. La sensibilidad a la insulina se altera con la edad, sobre todo en el sistema muscular, por lo que es difícil movilizar y depositar las reservas de energía en el músculo.
Sólo la práctica de **ejercicio físico moderado** puede mejorar esta sensibilidad a la insulina y permite un retraso en la aparición de la diabetes de personas de edad.

Las proteínas También aportan 4 Calorías por gramo, deberían representar de un 10 a un 20% del contenido total de la dieta, pues existe una progresiva atrofia de los músculos que deberá ser compensada. Es esencial que sean proteínas de alta calidad, provenientes de la carne y del pescado. En ciertas circunstancias, como en el postoperatorio o en la pérdida gastrointestinal o renal de proteínas, se debe aumentar la cantidad y calidad de las proteínas que formen la base de la dieta.

Las grasas Aportan 9 Calorías por gramo, deben constituir el 30% de las calorías de la alimentación, pero escogiendo precisamente las grasas procedentes de origen vegetal, como el aceite de oliva virgen con alto contenido en vitamina E. Sólo el 10% de las calorías debe proceder de las grasas contenidas en la carne o mantequilla. Se ha observado que una reducción en dietas grasas, disminuye la incidencia de cáncer de mama y de colon pero no se ha demostrado que reduzca la mortalidad.

Las vitaminas y minerales El envejecimiento normal altera la absorción de algunas vitaminas y minerales, hecho que se suma a las muchas enfermedades, frecuentes en esta etapa, que alteran la absorción. Es habitual encontrar deficiencias de vitaminas C y D, piridoxina, tiamina, acido fólico, riboflavina, cinc, calcio, hierro, vitamina B 12 y vitamina E. Las manifestaciones de estas carencias se han descrito en el libro *Comer bien para vivir mejor* de esta colección, y aparecen en forma de cansancio, pérdida de apetito, ansiedad e irritabilidad.

El consumo de alcohol en exceso también favorece la mala absorción de vitaminas y minerales.

Es recomendable tomar suplementos de calcio y de hierro

Se ha comprobado que, por una parte, en la mayoría de países occidentales, se toman pocos alimentos ricos en calcio; por otra parte, la absorción de calcio depende de los niveles de vitamina D activa, producida por el hígado y el riñón, a partir de la vitamina D de la piel. A partir de los 50 años la producción de vitamina D activa disminuye y con ella disminuye también la absorción de calcio. Es muy recomendable tomar suplementos de calcio en la dieta diaria hasta conseguir una ingesta de 1.200 a 1.500 mg por día. También se recomienda ingerir suplementos de hierro en los casos de anemia o hemoglobinas bajas o cuando estén debilitadas las reservas de hierro del organismo. Se calcula que entre una tercera parte y la mitad de la población

mayor de 50 años, en los países desarrollados, tiene una deficiencia de hierro.
Por otro lado, excederse en la ingestión de algunas vitaminas o minerales también puede ser peligroso. No se autoprescriba, consulte a su médico antes de tomar suplementos.

El papel de los antioxidantes El estudio del proceso del envejecimiento de los últimos años está sacando a la luz la teoría de los radicales libres que se producen aceleradamente cuando existen demasiados procesos de oxidación y que tiene una alta relación con el envejecimiento de la membrana de las células, la replicación de la información de sus núcleos y la formación de proteínas que cada vez deterioran más su correcta constitución.
Los procesos que aceleran la formación de estos radicales libres son:

- La alimentación inadecuada sin frutas ni verduras.
- La exposición excesiva a los rayos ultravioleta del sol.
- La vida en ambientes altamente polucionados.
- El tabaco, las drogas y el alcohol.

Los radicales libres parecen tener un papel predominante en la célula nerviosa, por lo que podrían estar en la base del envejecimiento cerebral, de la formación de demencias o de la enfermedad de Parkinson.
El exceso de oxidación se podría prevenir con la ingesta de agentes antioxidantes como son la vitamina E, la vitamina C y la vitamina A (beta-carotenos).

- **La vitamina C,** contenida en los cítricos, se hace más necesaria a partir de los 60 años. Se recomienda una ingesta diaria de 150 mg para hombres y 75 mg para mujeres. Sin embargo, hay estudios que refieren grandes mejorías de pacientes ancianos hospitalizados si se les suministran suplementos de 1 g al día de vitamina C.

Si es fumador, tome suplementos de vitamina C

Los fumadores tienen niveles más bajos de vitamina C que los no fumadores.

El premio Nobel Linus Pauling ha recomendado siempre suplementos diarios de 3 a 4 g de vitamina C como preventivo de cáncer e infecciones pero estas recomendaciones no han podido ser todavía plenamente demostradas. Sin embargo, la vitamina C es una vitamina no tóxica que se elimina facilmente por la orina, cuando circula en exceso.

- **La vitamina A** puede tener unos niveles de almacenamiento hepático muy bajos sin que ello se evidencie en los niveles de vitamina A circulante en la sangre, por lo que los resultados de un análisis de sangre no sirven para medir el déficit. Como elemento antioxidante, se recomiendan suplementos de 5.000 UI.

Para poder mantener adecuados niveles de elementos antioxidantes se recomienda ingerir cada día, cinco porciones de fruta y verduras de unos 100 g cada una. Actualmente sólo una pequeña parte de la población lo hace. Para que actúen bien los elementos antioxidantes, las vitaminas A , E y C deben ingerirse juntas ya que así potencian su acción y su absorción.

Se ha demostrado con el estudio de poblaciones geriátricas que la administración de suplementos vitamínicos y minerales contribuye a disminuir los déficits de los niveles séricos. No queda claro que estos suplementos sean suficientes cuando los niveles de una determinada vitamina o mineral son muy bajos.

Por otro lado, hay que vigilar los excesos en la ingesta de vitaminas A y D, pues son las dos que se absorben con las grasas y se puede sobrecargar el hígado.

También es importante vigilar la competitividad entre minerales, ya que la absorción de cinc impide la del hierro y viceversa por lo que se deben tomar en comidas diferentes cuando se ha comprobado su déficit.

Se están realizando muchos estudios para comprobar el posible efecto beneficioso de los suplementos dietéticos en el enlentecimiento de los procesos de envejecimiento por lo que en el futuro, el objetivo de dar vida a los años tendrá un fuerte componente nutricional.

LA SEXUALIDAD

La sexualidad de la persona no desaparece con la edad. Puede disminuir algo su ritmo, como hemos detallado en el libro *Vivir plenamente la sexualidad,* pero esto no implica su desaparición, sino que, si existe buena armonía y no hay superposiciones de angustia, puede vivirse con verdadero placer.

A medida que avanza la edad, es posible que no se puedan realizar las posturas o formas de relación que se adoptaban en la juventud porque producen más cansancio, pero precisamente estos problemas son tan sólo técnicos y se pueden ir encontrando soluciones con imaginación, cariño y, sobre todo, un buen entendimiento de pareja.

Es posible que el estímulo esté disminuido o que se presenten casos de pseudoimpotencia, que pueden subsanarse con más estímulos, más caricias y más proximidad.

- **Factores que pueden afectar a las relaciones sexuales:**

• Largos períodos de tiempo sin actividad sexual.

• Miedo y angustia precisamente a que las relaciones sexuales no funcionen correctamente.

• Pérdida de autoestima personal. Sensación de que los cambios físicos producidos suponen una pérdida de atractivo.

• Dolor articular, en la columna o pérdida de movilidad.

• Ideas erróneas sobre la periodicidad o rechazo social de una vida sexual activa.

• Malas relaciones de pareja o ausencia de pareja.

• Consumo excesivo de excitantes (té, café, colas, etc) o de alcohol y tabaco.

Posturas cómodas

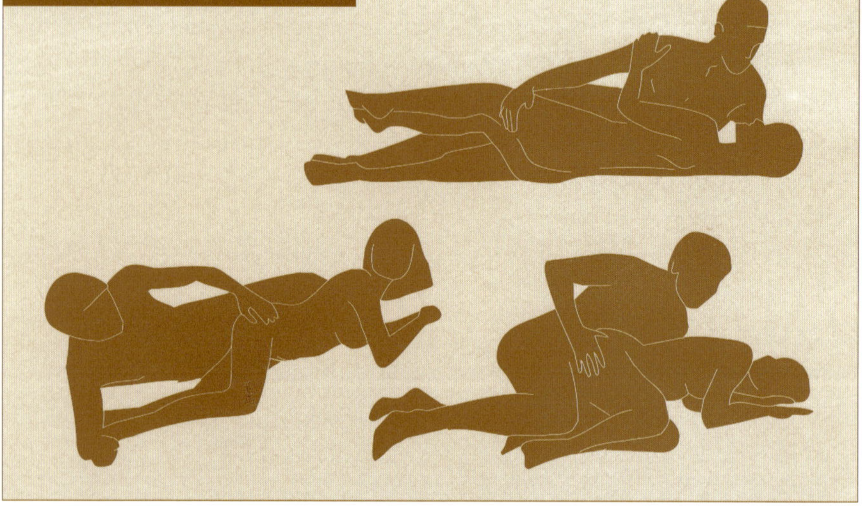

- Dieta desequilibrada, carencias y anemias.
- Exceso de estrés y cansancio.
- Utilización de medicamentos (algunos hipotensores) o medicación para las úlceras gástricas que puede disminuir el deseo sexual.

- **Cómo mejorar el deseo sexual:**

- Intensificar la comunicación con la pareja, creando situaciones que aumenten los estímulos externos (cena, baile, intimidad creativa).
- Relajarse y aumentar la confianza en sí mismos, sabiendo que existen altibajos en toda relación sexual.
- Consulte a su médico si cree que pueden existir enfermedades que interfieran con la potencia o el deseo sexual o si está tomando alguna medicación.
- Evitar el consumo en exceso de alcohol, que actúa como inhibidor del deseo. Sin embargo, un consumo moderado puede potenciar la sexualidad y la relajación.
- Mejorar la nutrición y aumentar el consumo de alimentos ricos en Vitamina B, sobre todo en Vitamina B1.
- Realizar un ejercicio moderado, a poder ser acompañado de música, en un ambiente agradable, ya que de esta forma se prepara al cuerpo para un incremento del deseo sexual.

EL EJERCICIO

Se ha demostrado que el ejercicio físico de actividad moderada, abandonar el tabaco y evitar la obesidad y la hipertensión, se asocia a una disminución de la mortalidad, en especial la causada por enfermedad cardíaca coronaria en hombres desde los 40 años hasta los 80.

El ejercicio moderado no tiene porque ser competitivo. Andar, bailar o hacer la gimnasia china denominada TaiChi, pueden contribuir a mantener el equilibrio calórico corporal sin aumentar demasiado los radicales libres, como ocurre en el deporte de competición.

El ejercicio físico moderado preserva la masa ósea, potencia la sensación de bienestar, mejora la fuerza muscular y la flexibilidad, mejora la función cognitiva, protege contra la fragilidad en la vida posterior y reduce la tasa de mortalidad.

No es necesario realizar ejercicios agotadores para conseguir una reducción de calorías y para mantener el peso ideal.

- Consulte a su médico antes de empezar un programa de ejercicio.
- No haga ejercicio después de comer ni beber.

Ejercicios físicos que pueden lesionar a personas mayores	
Tipo de ejercicio	**Lesión**
Ejercicios con piernas extendidas en que se doble la columna lumbar.	Peligro de lumbalgia.
Saltos sobre rodillas. Levantar pesos con las piernas.	Lesión rodilla y cadera.
Flexiones bruscas y mantenidas de rodillas.	Desestabilización. Rotura de ligamentos.
Falta de sincronización de la respiración.	Lipotimias, mareos, vértigos.
Movimientos bruscos de giro con la cabeza hacia los lados.	Vértigo, síncope.
Ejercicios con la cabeza hacia abajo o doblando el tronco. Hacer volteretas.	Vértigos, mareos.

Tabla de ejercicios
CALENTAMIENTO
Eleve los hombros hacia las orejas
Baje los hombros todo lo posible
HOMBROS
Manos sobre los hombros con los codos hacia arriba
Eleve los hombros hacia las orejas, despacio, y levante los codos
Baje los hombros y los codos
Junte los codos por delante
Llévelos hacia atrás
Con las manos entrelazadas y los codos flexionados describa 4 círculos sin separarlas
MANOS
Haga lo mismo con las palmas juntas
Abra las manos separando los dedos todo lo posible
Cierre las dos manos
Sacúdalas para relajarlas

Abra los dedos de ambas manos tanto como pueda

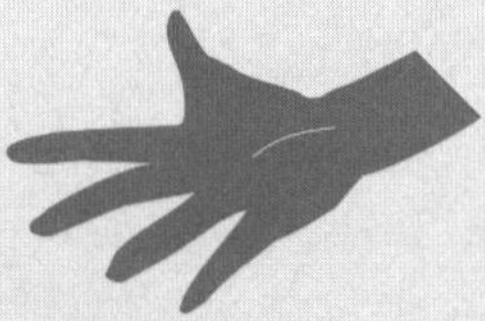

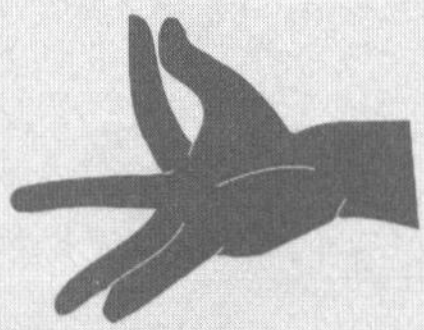

Sin doblar los dedos, toque la punta del pulgar con un dedo por vez. Realice esta secuencia 4 veces

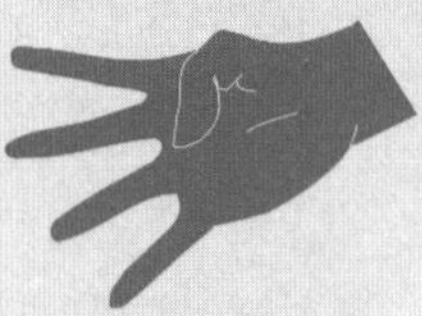

Pliege ambos pulgares sobre las palmas de las manos

Toque el dorso del pulgar con un dedo por vez

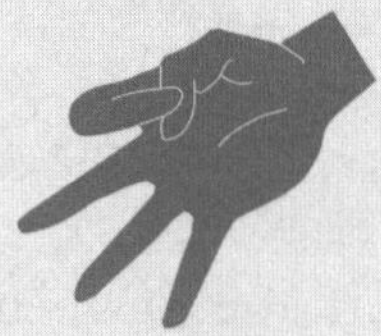

Colóquese frente a la pared con los brazos extendidos y las manos apoyadas en la pared

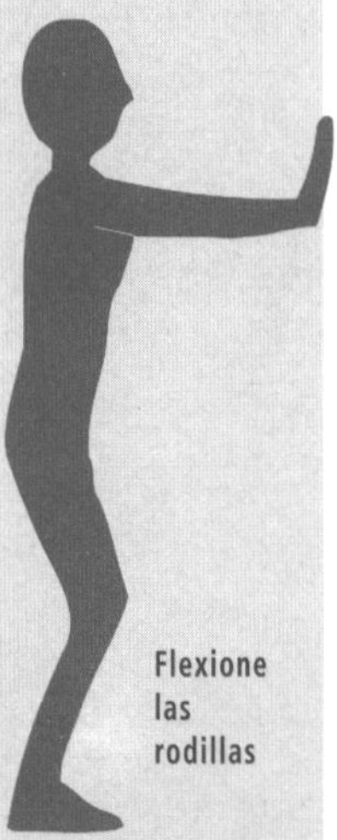

Flexione las rodillas

PIES

Con las rodillas flexionadas póngase de puntillas

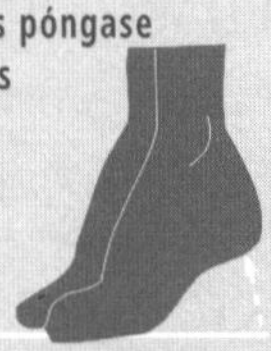

Vuelva a apoyar los talones en el suelo

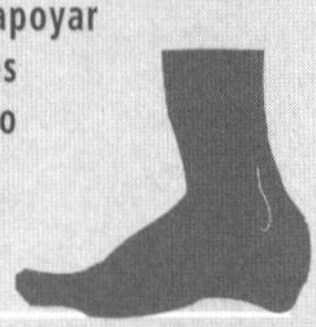

Apóyese en los talones, levantando la punta de los pies

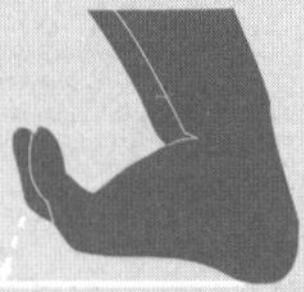

ESTIRAMIENTO

Coloque la mano derecha sobre la parte inferior de la espalda y la izquierda sobre el hombro

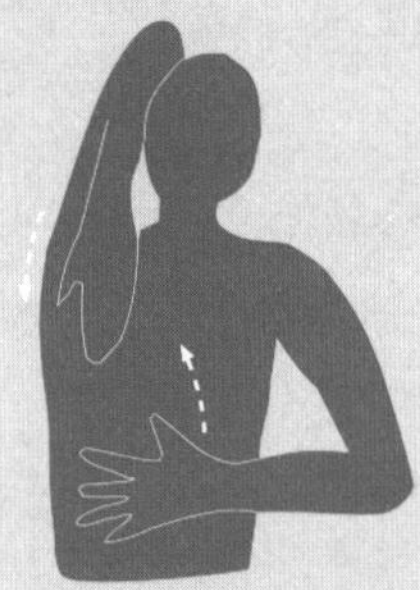

Deslice la derecha lentamente hacia arriba y la izquierda hacia abajo, intentando que los dedos se toquen

• Entrene de forma gradual en intensidad y duración (cada día un poco más).
• Realice ejercicios de calentamiento antes de iniciar el ejercicio.
• Haga ejercicio siempre sobre colchoneta o alfombra.

Preguntas al Doctor

¿Por qué aumento de peso mientras se reduce mi estatura?

Es absolutamente normal tender a acumular grasas en las zonas donde se ha perdido masa muscular.
La reducción de la estatura es consecuencia del adelgazamiento de los cartílagos que separan las vértebras de la columna.

¿Por qué mi piel es cada vez más seca, arrugada, pálida, flácida?

Es más seca porque los capilares sanguíneos llevan menos nutrientes a la piel, que pierde elasticidad y se arruga.
La flacidez se debe a la disminución de tejido graso debajo de la piel.
La palidez depende de los pigmentos de la piel. Si éstos disminuyen, se acentúa la palidez.
Procure seguir una dieta equilibrada, beber de 1,5 a 2 l de agua al día y hacer ejercicio; mantenga la piel limpia, aclárese bien después de lavarse con jabón para evitar la sequedad cutánea y use una crema hidratante. No tome el sol sin protección.

Un proceso individual

El envejecimiento no se manifiesta igual en todas las personas. Depende de factores como la historia personal, la carga genética, la nutrición, la clase y cantidad de trabajo realizado durante la vida, el ambiente afectivo y las circunstancias sociales y económicas en que se ha vivido. También depende de la actitud y conducta de cada individuo frente a la jubilación y al proceso de envejecimiento. Aprender a jubilarse y a envejecer es el reto al que deberá enfrentarse la mayoría de la población de los países desarrollados.

PATRONES DE ENVEJECIMIENTO INDIVIDUAL

Los años no son una medida de envejecimiento

Los ancianos no constituyen un grupo homogéneo. De hecho, en unos las limitaciones son evidentes mientras que en otros las capacidades son notablemente superiores. Hay personas que pueden considerarse ancianas a una edad precoz y que muestran un declive prematuro de sus facultades y funciones; otras, en edades mucho mas avanzadas (85-90 años), siguen siendo personas activas, informadas, interesadas por todo y que mantienen sus facultades atentas y en forma.

La edad no es una medida de envejecimiento sino que envejecer es una experiencia de vida individual que depende de numerosos factores, entre los que quizá merezca destacar las experiencias de la infancia, juventud y madurez. Cada persona tiene su propio envejecimiento y las percepciones y experiencias de etapas anteriores de la vida influyen en el devenir de esta etapa.

La edad cronológica no constituye una medida de la capacidad física e intelectual, o al menos no de una forma absoluta y forzosa. En todo caso, sólo partir de una edad harto avanzada, la biología tiene probabilidades de traicionar esta afirmación. Las investigaciones sobre el envejecimiento han enfatizado los cambios sufridos en relación con la edad pero han negligido la substancial heterogeneidad de las personas. Se ha exagerado el efecto del proceso de envejecimiento por sí mismo y se ha infravalorado la acción o efecto modulador de la dieta, el ejercicio, los hábitos personales, el estilo de vida y los factores psico-sociales. La heterogeneidad entre grupos de edad o bien ha sido ignorada o bien se ha atribuido a diferencias en la dotación genética, olvidando el impacto de los factores extrínsecos.

La capacidad intelectual no disminuye forzosamente con la edad

No obstante, cada vez se reconoce más la necesidad de separar y diferenciar los cambios patológicos de los que se puedan atribuir a la edad «per se».

LAS DISTINTAS ETAPAS VITALES

El aumento de número de las personas mayores –fruto de una mayor longevidad– y el envejecimiento de la población –acelerado por la reducción de las tasas de natalidad– plantean cambios en el concepto de edad y en el papel social que a cada etapa del ciclo vital concierne.

El envejecimiento de la población plantea de cara al futuro problemas en el reparto de las cargas económicas y sociales. Se adivinan dos problemas: la necesidad de articular medidas sociales que aseguren la integración de las personas mayores a la sociedad y a la vez la contribución necesaria de este grupo de mayor edad a su propia sociedad. La edad ha constituido siempre y en todas las sociedades un mecanismo para adjudicar socialmente un rol y un estatus al individuo. Se han establecido y sistematizado distinciones basadas en la edad, atribuyendo un rol social al individuo en parte de acuerdo con la edad social. Pero las etapas vitales, que siempre han ido estrechamente ligadas a los cambios económicos y sociales, se han visto profundamente modificadas en las últimas décadas.

La jubilación ya no marca la frontera de la vejez

El concepto de edad adulta, es reciente, nace dentro de este siglo y refleja por primera vez que queda una larga etapa vital por delante cuando los hijos se independizan. En 1900, los hombres no podían esperar llegar a la edad de jubilación, mientras que ahora una cuarta parte de su vida tendrá lugar después de la jubilación.

La jubilación ya no marca, por lo tanto, la frontera entre la edad madura y la vejez. La edad de 65 años es evidentemente un concepto desfasado para definir el comienzo de la vejez. Algunos sociólogos ya lo han substituido por un nuevo concepto: hablan del tercer cuarto de la vida, entre los 50 y los 75 años. Los problemas originados por el declive físico y mental comienzan a incidir de una manera sensible justamente a partir de esta última edad. Existe, por lo tanto, un numeroso grupo de población que a los 65 años contempla aún numerosos años por delante para mantenerse en activo y desarrollar sus capacidades y conocimientos.

Y un último aspecto a considerar: los viejos del año 2000, y los del 2020 aún más, habrán vivido en una sociedad de transformaciones muy aceleradas que habrán influido y modificado las formas de vida de todos y las actitudes ante cualquier reto.

FACTORES QUE INCIDEN EN UNA VIDA

Aproximadamente el 70% de las personas de más de 60 años viven en los países desarrollados y en áreas urbanas. Todo hace suponer que esta situación siga igual y que con el tiempo la población de más edad se concentre cada vez más. La agrupación en áreas urbanas tiende a facilitar la provisión de servicios y atenciones de salud.

La autoestima, secreto de juventud La autoestima constituye un componente importante en la vida de una persona, sea cual sea su edad. Cómo se siente uno integrado en su propio mundo, qué imagen tiene de sí mismo y cómo valora su propio rol social, son aspectos fundamentales que no pueden soslayarse.

Con el paso de los años, esto no sufre más cambios que los derivados de la propia historia personal, con sus aciertos y fracasos. En la edad avanzada, una serie de factores frecuentes de orden personal y afectivo –soledad, pérdida de la pareja–, económico –bajo nivel de ingresos, condiciones de vivienda– y los derivados de la propia jubilación, pueden influir negativamente si uno no está preparado para ello. Aunque estas circunstancias no son específicas de la edad avanzada y pueden ocurrir en cualquier momento de la vida, hay un factor muy importante a tener en cuenta: cómo nos ven los demás. Existe siempre una interacción

Son muchos los factores que pueden influir en la autoestima

entre cómo nos vemos y cómo creemos que nos ven los demás. La sensación que uno puede tener de haberse convertido en un estorbo o de estar de más, de ser objeto de actitudes paternalistas, puede influir de forma muy negativa. Por el contrario, si la familia y los amigos nos consideran personas competentes y capaces y nos lo hacen sentir, ayudan a generar y mantener nuestra autoestima.

Las personas que a lo largo de su vida han tenido una imagen positiva de sí mismos y que al mismo tiempo han sido sociables y extrovertidos, al llegar a una edad avanzada siguen conservando, por lo general, estos aspectos positivos y son personas que siguen manteniendo sus relaciones y no ven mermada su autoestima, incluso pueden prescindir de los prejuicios sociales cuando estos existen.

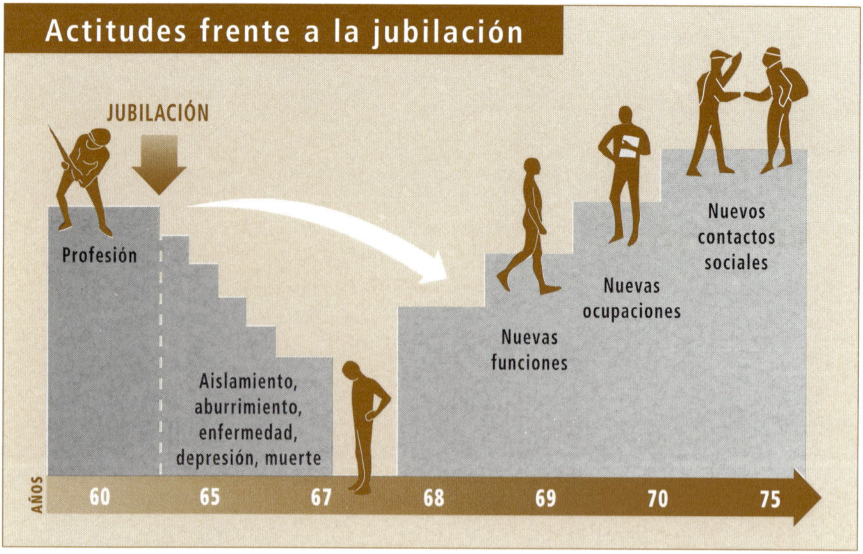

La educación es otro importante factor relacionado con la salud. Aquellas personas que tienen una educación superior tienden a vivir más años. Las diferencias educacionales que en el pasado han existido entre personas jóvenes y mayores tienden a reducirse y este proceso de mejora en la educación es uno de los cambios importantes que se están produciendo entre los grupos de población de mayor edad, y que sin duda afecta al estilo de vida, al estado de salud y al propio acceso al sistema de salud.

Y la economía Otro aspecto en el que tradicionalmente se ha manifestado la especial vulnerabilidad de las personas de mayor edad es el de los ingresos económicos que con la edad y a partir de la jubilación, se reducen drásticamente y que los programas de seguridad social se afanan en contrarrestar. Este es otro factor básico para una mayor longevidad y sin duda para una vejez con bienestar.

RITMO DE ENVEJECIMIENTO

El ritmo de envejecimiento no cambia con el paso del tiempo

El deterioro, en la mayoría de las variables fisiológicas que cambian con la edad, es lineal y comienza en la cuarta década de la vida, sin que previamente exista una etapa de estabilidad o meseta en la mitad de la vida. El ritmo de ese envejecimiento no cambia con el paso del tiempo y a los 80 años se envejece a la misma velocidad que a los 40, la única diferencia radica en que a los 80 años se han acumulado más cambios debido a la edad. Es por ello que una persona sana a los 80 años puede estar funcionando como una de 40 años. Entre las personas de edad avanzada existe un subgrupo en el que tan sólo se observan leves cambios debidos a la edad y otro en el que, sin tener ninguna enfermedad, los cambios son más ostensibles y tienen mayor riesgo de desarrollar alguna enfermedad. Es el caso de los que observan un aumento en las cifras de presión arterial o de azúcar (hiperglucemia). Algunos hábitos personales (alcohol, tabaco, dieta inadecuada, actividad física escasa) repercuten negativamente sobre algunas funciones fisiológicas.

APRENDER A JUBILARSE

Qué es lo que experimentamos y cómo nos comportamos al alcanzar la edad madura, más o menos avanzada, viene determinado en gran parte por la propia experiencia de la vida, como ya hemos comentado.

Es importante mantener la capacidad de ilusionarse y de emprender proyectos nuevos. La cuestión es tener planes para el futuro: Hay personas que justo al alcanzar la edad de jubilación han emprendido, incluso con notable éxito, actividades hasta entonces marginadas o casi inexistentes por falta de tiempo, como la pintura o la música. Estas personas viven su jubilación como una bonificación, como una experiencia positiva. El bienestar físico es necesario, pero el bienestar mental depende de saber qué hacer cada día y saber disfrutar de la vida, pasear, viajar, mantenerse informado, contactar con los amigos y personas afines, más allá del ámbito familiar siempre que sea posible. Mantenerse, en suma, despierto y activo.

La etapa de madurez tardía que alcanza la frontera de la vejez (hoy en día la vejez-vejez se considera a partir de los 80-85 años) no es una etapa de inactividad sino muchas veces de actividad máxima. El proceso de envejecimieno no significa un proceso de destrucción de la personalidad. En un estudio realizado por el centro de investigación gerontológica de Baltimore a lo largo de 30 años, se obtuvieron unos resultados que contrastan con determinados estereotipos sociales existentes sobre el proceso de envejecimiento. De entre ellos cabe destacar:

Envejecer no implica la destrucción de la personalidad

- La personalidad se mantiene estable a través de los años.
- La decadencia de las funciones intelectuales no parece ser el fruto únicamente del paso de los años (aquí se detecta el papel que juega la enfermedad de Alzheimer en ello).
- El ritmo cardiaco del anciano puede ser tan bueno como el del joven.

Y cabe destacar que los problemas claves en el anciano según este estudio son:

- Las limitaciones en la movilidad física, junto con las caídas y las fracturas.
- Los problemas relacionados con la incontinencia urinaria, que pueden ser causa y origen de aislamiento social.
- Los problemas de nutrición específicos que se sufren en esta etapa.

En suma, el estudio resalta que el papel de soporte que la comunidad debe ofrecer a los ancianos es clave en su bienestar.

Las facultades intelectuales no declinan con la edad, sino en todo caso por falta de uso. La capacidad mental, si no existe enfermedad, sigue ampliándose hasta una edad avanzada aunque, ciertamente, existe una mayor lentitud de respuesta y sobre todo una disminución en la capacidad de adquirir nuevos conocimientos de forma rápida. Estos últimos aspectos quedan compensados por una visión global más afinada, la experiencia y conocimientos acumulados que permiten, al margen de la edad, resolver los problemas como las personas más jóvenes.

El estímulo intelectual es indispensable para mantener la agilidad mental

Es preciso no obstante, el ejercicio continuado de las facultades superiores para evitar anquilosarse. Se requiere un entrenamiento y las personas que en este sentido son exigentes y activas, conservan a través de los años mejores facultades que aquellas que han tenido una actividad intelectual menor desde siempre. El estímulo intelectual, así como el sensorial y emocional, son indispensables para mantener la agilidad mental.

Es aconsejable mantenerse siempre activo Son la inactividad y la desocupación las condiciones que más pueden favorecer la desintegración de la personalidad. En la década de los 70 años, e incluso a los 80, en la mayoría de casos, las capacidades superiores se mantienen normales y los lazos emocionales y de interés con el mundo exterior siguen intactos. Aquellas personas que están preparadas para afrontar los contratiempos que pueda depararles la vida (muerte de la pareja, soledad, jubilación) lo tienen mejor para mantenerse en forma.
A menudo se tiene tendencia a suponer que las personas de edad no son capaces de discernir ni aprender. Por ello, ya de entrada, se les proporciona menos información. Los

propios médicos y enfermeras, en especial los jóvenes, a menudo se comportan en su trato con ellos como si el proceso de envejecimiento fuese una enfermedad y las personas de edad estuviesen incapacitadas. No todo estado de confusión o de desorientación es sinónimo de demencia y la edad no condiciona una forzosa pérdida de facultades intelectuales.

APRENDER A ENVEJECER

Hay personas que al sentirse envejecer, un proceso que en sentido estricto se inicia al nacer, sufren un trauma tremendo. Se sienten progresivamente inútiles, viven la vida como algo monótono, sin obligaciones ni ilusiones, como algo sin interés. Poco a poco van aislándose, no aciertan a disponer de su tiempo libre, dejan de relacionarse y su horizonte pierde perspectiva y de forma imperceptible va estrechándose. Al tiempo que su esperanza y entusiasmo disminuyen, sin casi darse cuenta, pierden autoestima y fatalmente dejan de proyectar su futuro. Todos los días parecen iguales y su historia –algo personal, intransferible y siempre vivo– corre el riesgo de acabarse mucho antes que su vida. En el fondo han dejado de creer en sí mismos y en sus posibilidades o capacidad para dar y recibir de los demás.

La vejez de instauración lenta De la misma forma que con lo aprendido durante la juventud desarrollamos después nuestra vida madura, alcanzamos el tercer cuarto de vida sin traumas ni sobresaltos gracias a lo que hemos aprendido durante los dos primeros cuartos. Sin duda, muchas cosas serán diferentes pero es un proceso de instauración lenta y, sobre todo si la salud acompaña, no menos digno de ser vivido que las etapas anteriores. Mirar hacia atrás servirá como apoyo para caminar hacia adelante, nunca como escape para quedar inmóvil. Es preciso conservar el espíritu alerta, el ánimo generoso, dispuesto cada día a nuevas emociones y mantenerse en sintonía con las personas del entorno, con los problemas y acontecimientos relevantes y procurando no quedar encerrado en uno mismo y los propios problemas sino volcado en los demás –familia, amigos, vecinos y conocidos– con pasión, dando a compartir la experiencia adquirida.

Es preciso no quedar encerrado en uno mismo

La pauta contraria de comportamiento La pérdida de interés, la incomunicación y alejamiento, la pérdida de contacto social y de estímulo, sin ser estrictamente patológica, lleva indefectiblemente a un proceso de declive que sólo un espíritu alerta y tenaz puede frenar. La vejez es inevitable pero no es ni buena ni mala. Habrá que darle un contenido, sacarle provecho y ello depende del esfuerzo propio, individual y colectivo, realizado desde ahora mismo.

Dar un contenido a la vejez depende del propio esfuerzo

PREVENCIÓN Y PROMOCIÓN DE LA SALUD

Hasta hace pocos años hablar del tema de la salud de las personas de edad avanzada habría resultado cuando menos una paradoja. La prolongación de la vida y la comprobación que algunos cambios fisiológicos y problemas clínicos relacionados con la edad pueden ser retrasados y en parte son reversibles ha cambiado el panorama.

Recomendaciones de carácter preventivo	
Hábitos recomendados	**Exámenes periódicos más recomendables**
• No fumar. • Limitar el consumo de alcohol. • Seguir una dieta pobre en grasas saturadas y con suficiente aporte de fibra y calcio. • Hacer aunque sea un poco de ejercicio.	• Control de la presión arterial. • Control de presencia de sangre oculta en heces. • Mujeres, examen del cuello de útero y mamografía. • Hombres, control de la próstata. • Control de cambios en la piel. • Examen de boca y dientes. • Palpación de tiroides. • Control de la presión ocular.

A título de ejemplo, un ejercicio moderado puede retrasar la pérdida de masa ósea en la mujer mayor; el abandono del hábito del tabaco disminuye el riesgo de cardiopatía isquémica; se ha visto que un mejor control de la presión disminuye el riesgo de sufrir enfermedades coronarias; el aporte de suplementos de calcio pueden llegar a reducir en un 50% las fracturas de cuello de fémur, tan habituales en la senectud.

IMAGEN NEGATIVA DE LA VEJEZ

La última etapa de la vida es una prolongación de los estadios precedentes y, aunque el papel social ejercido pueda ser diferente, uno sigue siendo la misma persona, con el propio estilo de vida, sentimientos e intereses.

Las personas de edad en los países industrializados tienen, por desgracia, una consideración globalmente negativa. Se parte de la idea de que son personas pobres, no productivas, que están solas, que precisan ayuda y esto se hace patente en la vida de relación diaria, en la misma imagen transmitida por los medios de comunicación, e incluso muchas veces en la misma relación que se establece con el personal sanitario y cuidadores, médicos incluidos. Esta falta de respeto hacia los mayores, que no se suele dar en los países del tercer mundo, tiene evidentes consecuencias negativas tanto para ellos como para los más jóvenes que dejan de escuchar la voz de la experiencia. Los ancianos que se sienten marginados generan inseguridad y se sienten incapaces de valorar los aspectos

En los países tercermundistas hay un mayor respeto por los mayores

positivos que representa su propia edad, disminuyendo su propia autoestima.

No sólo ahora las personas viven más, sino que es probable que los años vividos de propina sean saludables, y uno de los objetivos de la medicina –uno de sus retos– es ampliar este límite superior para ser vivido con autonomía y salud.

DIFERENCIAS SOCIALES ENTRE PERSONAS DE EDAD

En el Aberdeen Styles of Ageing Study en el que se analizaron ingresos y ahorros, apoyo e integración social, estado de salud y situación psicológica, queda claro que comparando entre mayores-jóvenes y mayores-viejos, es el segundo grupo el que está en situación de clara inferioridad y los servicios sociales de apoyo deben centrarse en ellos. Este aspecto se acentúa según:

- El sexo.
- El grupo social de pertenencia.
- El estado civil.
- El hecho de vivir sólo y experimentar un aislamiento familiar y social.

Las diferencias entre sexos se evidencian, en primer lugar por la mayor longevidad de las mujeres que hace que tengan mayor probabilidad que los varones de enviudar; a ello debe añadirse que el número de mujeres que siguen solteras desde siempre es francamente superior al de los hombres y que, por lo tanto, la probabilidad de vivir solas sea tres veces mayor. Ello tiene consecuencias en el terreno económico. Las personas solteras o viudas, por lo general, tienen unos ingresos menores y también menos bienes que los casados.

SOLEDAD DE LAS PERSONAS MAYORES

Combata con energía el aislamiento y la soledad

Los mayores precisan relacionarse con personas ajenas al medio familiar: vecinos, amigos o conocidos. Hay que favorecer y potenciar, dentro de lo posible y en función de las condiciones de salud, el propio estilo de vida independiente y acorde con los intereses y las posibilidades económicas de cada uno, al tiempo que es importante mantener una vida familiar fluida con hijos, nietos y demás familia.

La soledad no siempre se puede evitar pero sí hay que combatir con energía el aislamiento. Se puede vivir sólo sin estar aislado, como también se puede quedar aislado de forma casi imperceptible dentro del núcleo familiar.

Es este un reto que afecta a todos sin excepción, jóvenes y no tan jóvenes, ya que, a la larga, todos hemos de beneficiarnos de las mejoras en la condición de vida de nuestros mayores. Hay que prepararse, individual y colectivamente, para convivir, no sólo coexistir.

Un mundo afectivo, cultura, patrimonio y salud son factores necesarios para conseguir una vejez mejor.

MALOS TRATOS

Una cuestión a tener en cuenta son los malos tratos a las personas ancianas. Y no se trata de los malos tratos físicos obviamente reprobables y que hay que combatir, sino de aspectos mucho más sutiles, de los malos tratos pasivos e incluso marginales. A menudo, se trata a las personas de edad avanzada como si fuesen niños, o se les ignora, una agresión psicológica contra personas especialmente frágiles y vulnerables. En ocasiones, se dan malos tratos verbales o económicos demostrando poca sensibilidad por las vivencias de la persona de edad avanzada y que parten de una actitud mental que todos deberíamos reflexionar y corregir. También los médicos tenemos en este terreno mucho que aprender.

Preguntas al Doctor

Me cuesta cada vez más conciliar el sueño.

Si usted no descansa lo suficiente, es probable que tome algún estimulante: té , café, chocolate... Procure evitarlos, sobre todo por la tarde.

Coma adecuadamente y haga ejercicio. No sólo controlará su peso sino que aliviará su estrés o depresión. También conciliará mejor el sueño si se cansa físicamente y si, después de la cena, deja que transcurran dos horas: el tiempo que tardamos en hacer la digestión.

Si a pesar de todo sigue sin poder dormir, procure descansar en la cama, con los ojos cerrados. Intente tomar una infusión suave de alguna hierba relajante en un ambiente tranquilo justo antes de acostarse. Si su problema de insomnio incluye molestias de acidez o de reflujo gastroesofágico, intente paliarlo durmiendo un poco incorporado: coloque una alza debajo de la cabecera de la cama.

Problemática específica

La distinción entre mayores-jóvenes y mayores-viejos tiene su importancia, sobre todo cuando se trata de analizar la demanda de servicios sociales y atenciones de salud. La comparación entre las personas de edades entre 65 y 74 años con los de 75 o más años, muestra que estos últimos experimentan muchas más enfermedades y la frecuentación de los servicios de apoyo es de dos a cuatro veces mayor.

Existe, asimismo, un mayor riesgo de que las condiciones sociales, la vivienda y los ingresos económicos tiendan a ser también peores en el segundo grupo.

En este capítulo nos centraremos en la prevención, diagnóstico y tratamiento de los trastornos de la salud más habituales en la edad avanzada. Muchos, como veremos, se pueden evitar, las consecuencias de otros se pueden paliar.

Los trastornos más frecuentes

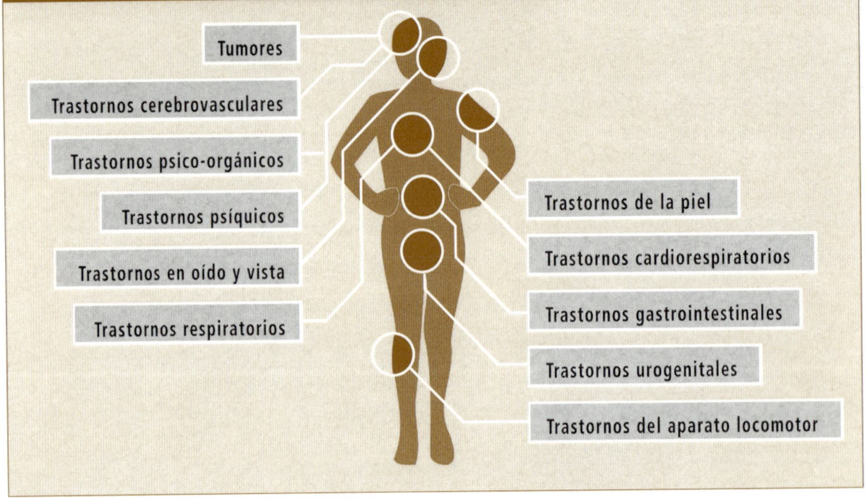

PROBLEMAS CLÍNICOS MÁS FRECUENTES

Antes de empezar, recordaremos que la tensión arterial se mide habitualmente en milímetros de mercurio y se valora con un número de máxima y otro de mínima, por ejemplo, 120 de máxima y 80 de mínima, aunque de forma coloquial se dividen por diez y se habla, poco correctamente, de 12 de máxima y 8 de mínima.

Hipotensión ortostática Consiste en un descenso de la tensión arterial sistólica –también denominada «máxima»– de 20 o más milímetros de mercurio (Hg), después de estar de pie durante al menos un minuto. Por ejemplo, pasar de una tensión de 100/70 a 80/40. Este fenómeno se da entre un 12 y un 30% de las personas de 75 o más años.

- **Síntomas:** Ocasiona sensación de debilidad, falta de aire, sensación de dolor u opresión en el cuello, obnubilación (mareo) al ponerse en pie, constituyendo una causa de caídas fáciles y, ocasionalmente, puede originar síncope e incluso accidentes cerebrovasculares.
- **Causas.** Se incrementa el riesgo de sufrir hipotensión ortostática con:

• La toma de algunos medicamentos de uso frecuente en el anciano: los antianginosos, antiarrítmicos, antidepresivos, anticolinérgicos, diuréticos, antiparkinsonianos, sedantes, hipotensores y neurolépticos.
• El alcohol
• La deshidratación
• La anemia

- La desnutrición
- La inmovilidad en cama

En todo caso, el envejecimiento por sí solo no es causa suficiente para explicarla.

- **Prevención:** Todas las personas de edad deben establecer el hábito de medirse periódicamente la presión arterial, en diversas posturas (acostado, sentado y de pie), sobre todo al iniciar un tratamiento con hipotensores. Aquellos que sufran algún signo de debilidad, síncope o caída deben acudir al médico para determinar si sufren hipotensión ortostática.
- **Tratamiento:** De hecho, pocos ancianos tendrán una causa específica de su hipotensión ortostática pues en la inmensa mayoría de casos este problema tiene causas múltiples.

A veces, el médico deberá modificar la medicación. Si ésta no se puede interrumpir el médico puede indicar otros recursos, como, por ejemplo, aumentar el consumo de sal, elevar la cabecera de la cama o realizar ejercicio físico moderado dentro de lo posible.

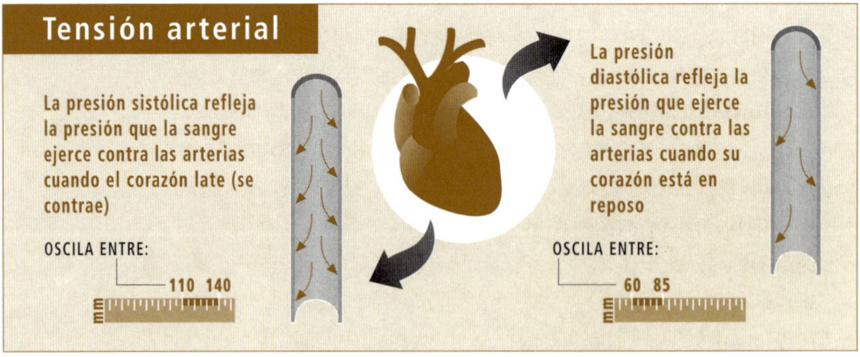

Hipertensión Se denomina hipertensión arterial a la elevación persistente de la tensión arterial por encima de los límites considerados como normales.

La definición de hipertensión varía ampliamente y ello repercute, como es lógico, en las cifras publicadas sobre su incidencia. La OMS define la hipertensión como una tensión sistólica de 160 mmHg o más y/o diastólica de 95 mmHg o superior.

Algunos estudios han demostrado que la hipertensión sistólica –popularmente conocida como la «máxima»– constituye un factor predictivo más importante de enfermedad coronaria que la hipertensión diastólica –que es la «mínima»–.

Parece, pues, razonable acudir al médico si los valores de tensión sistólica oscilan entre 160 y 180 mmHg o superan este último valor.

- **Síntomas:** Aunque algunas veces las crisis hipertensivas se acompañan de dolor de cabeza, en la frente o en la nuca, o de crisis de vértigo, la mayoría de las veces la hipertensión cursa sin sintomatología por lo que la prevención es esencial.
- **Causas:** Puede producir hipertensión:
  - Una alimentación demasiado rica en sal
  - Las alteraciones renales
  - Una tendencia génetica.
- **Consecuencias:** La elevación de la tensión sistólica, diastólica o de ambas, representa el factor de riesgo cardiovascular individual más importante entre los ancianos.

La hipertensión aumenta el riesgo de insuficiencia cardíaca, la frecuencia de angina de pecho, infarto de miocardio, muerte cardiovascular y de hemorragia cerebral.

Controle regularmente su tensión arterial

Cómo medir la tensión arterial en casos de hipertensión: Es recomendable realizar dos o tres mediciones de la tensión arterial en condiciones basales y en horas y días separados y tener en cuenta ciertos factores:

• Deben realizarse en posición de decúbito y luego de pie, tanto antes como después de iniciar el tratamiento, para poder identificar cualquier fenómeno de hipotensión postural.

• Como resultado del engrosamiento de las arterias, que no pueden comprimirse fácilmente con el manguito, puede producirse una sobreestimación de la tensión arterial. Esta pseudohipertensión puede identificarse cuando la arteria sigue siendo palpable después que el manguito se infle por encima del valor de la tensión sistólica. A esta maniobra se la llama maniobra de Osler.

• El uso de antiinflamatorios no esteroideos recetados en el tratamiento de síntomas reumáticos, ya sea por prescripción médica o por iniciativa propia, puede jugar un papel en el empeoramiento de la hipertensión.

• **Tratamiento:** Ante elevaciones mínimas de la tensión arterial y sin factores de riesgo asociados, pueden ser aconsejables, inicialmente, medidas no farmacológicas como la supresión de la ingesta de sal, la pérdida de peso, disminuir la ingesta de alcohol y el ejercicio dinámico moderado.

El médico indicará el momento de empezar un tratamiento contra la hipertensión, justificado por varios estudios que demuestran que puede reducir la aparición de apoplejías en un 36% y, en un 32%, los incidentes cardiovasculares fatales y no fatales. Entre los ancianos, la tolerancia al tratamiento es buena, los fármacos pueden administrarse con seguridad y no causan interferencias en su estilo y calidad de vida siempre que un médico los seleccione en cada caso de forma individualizada.

Problemas del ritmo cardíaco es decir en el ritmo de los latidos del corazón.

Las alteraciones son frecuentes en las personas de edad avanzada. A veces se nota el súbito inicio de palpitaciones y luego su desaparición brusca: son las taquiarritmias episódicas. En ocasiones un síncope o pérdida de conocimiento puede ser debido a un aumento o disminución del ritmo cardíaco. Con la edad se dan más arritmias aisladas hecho que puede considerarse normal, ya que suelen ser asintomáticas y no requieren tratamiento.

Es normal que con la edad se den más arritmias aisladas

En algunos casos puede existir una irregularidad completa del pulso, como en la fibrilación auricular que es con mucho la arritmia paroxística y persistente más común entre las personas de edad.

Sólo el médico puede identificar bien la arritmia causal mediante registros monitorizados de electrocardiograma ambulatorio (Holter) durante 24 horas, y en ocasiones puede apreciarse la concordancia entre arritmia y síntonas. En el caso de síncope ayuda a diferenciar el síncope arrítmico del originado por causas no cardíacas o debido al efecto de medicamentos.

- **Tratamiento:** Las arritmias que exacerban una angina de pecho o la insuficiencia cardíaca, o provocan síntomas de deficiente irrigación cerebral con mareos, síncopes o caídas, requieren tratamiento médico.

Ictus o apoplejía Con estos nombres o también con el de accidente cerebrovascular, nos referimos al conjunto de síntomas y signos producidos por una alteración de la circulación cerebral y cuyo inicio es brusco.

Constituye uno de los dramas más calamitosos, dado que la persona que sobrevive a un ictus, si bien puede recuperarse casi del todo, en muchas ocasiones queda afectada por alguna secuela que pone en peligro su autonomía.

El vértigo no suele ser síntoma de apoplejía

Es frecuente en los ancianos. Mientras en personas que no sobrepasan los 40 años la incidencia anual está entre un 5 y un 10 por cada 100.000 habitantes, por encima de los 65 años la cifra alcanza a 20 de cada 1.000 habitantes.

- **Síntomas:** En líneas generales, conviene saber que una brusca sensación de pérdida de fuerza, debilidad, hormigueo en la mitad del cuerpo o bien dificultad para hablar, que dure desde unos pocos minutos a unas horas es probablemente un AIT (Ataque Isquémico Transitorio).

El vértigo como único síntoma es menos grave que si se asocia a visión doble, pérdida transitoria de fuerza en una extremidad o bien dificultad para hablar. La mayoría de los ictus dan lugar a dificultad o imposibilidad de moverse o de sentir, que en muchas ocasiones afecta a una mitad del cuerpo.

Por el contrario, una pérdida súbita de conciencia de carácter transitorio y sin otros síntomas, es más probable que se trate de un síncope o una crisis epiléptica y no de un ictus. Consulte a su médico de todas formas.

- **Causas:** El 18% de los ictus son causados por hemorragias cerebrales y el 82% por infarto cerebral.

• Hemorragias cerebrales: La hipertensión arterial es el mayor factor de riesgo y gracias a su mejor control en las últimas dos décadas, ha descendido notablemente el número de ictus. Otros factores a señalar son el tabaquismo, la diabetes, la hiperlipidemia y el aumento del valor hematocrito.

• Infartos cerebrales: La arterioesclerosis es la causa básica del 60% de los accidentes isquémicos o infarto cerebral, aunque suele acompañarse de algún factor precipitante, por ejemplo, hipotensión, o el desarrollo de un trombo o el súbito crecimiento de una placa de ateroma que reduce bruscamente el flujo sanguíneo dejando sin riego sanguíneo una zona.

Entre un 13 y un 25 % de los infartos cerebrales son debidos a embolias de origen cardíaco. Se trata de un trastorno del ritmo cardíaco que afecta al 5% de las personas de más de 70 años, y al 10% de las de más de 80.

• Otras causas a tener en cuenta son el infarto de miocardio, especialmente el primer mes después de ocurrido.

• **Prevención:** Cuando el riesgo relativo de accidentes cerebrovasculares aumenta, el médico puede recomendar un tratamiento anticoagulante si bien tendrá en cuenta las posibles complicaciones hemorrágicas.

• **Tratamiento:** El tratamiento médico debe iniciarse lo más rápidamente posible, dado el riesgo que el ictus se repita, especialmente durante los primeros días y semanas. El médico realizará un estudio con TC (tomografía computerizada) o RM (resonancia magnética) y en ocasiones el Ecodoppler, que le permitirán, junto con la clínica y la exploración neurológica convencional, afinar el diagnóstico y establecer el tratamiento correcto.

Caídas Son muy comunes en la población de edad avanzada y constituyen un riesgo. Representan una causa de muerte para el anciano y un problema al cual no se ha prestado la debida atención, como si se tratase de algo banal.

Se calcula que anualmente al menos un 30% de las personas de edad experimentan una caída, cuyas consecuencias incluyen fracturas (fémur, húmero, pelvis), lesiones de partes blandas y además la consiguiente ansiedad y pérdida de confianza en sí mismo.

- **Causas:** Deben mencionarse los cambios en la marcha, que de forma sutil y progresiva se presentan con la edad. Se amplía la base de sustentación, los pasos se hacen cada vez más cortos, disminuye la oscilación de los brazos, la postura del cuerpo es más rígida y erecta, las caderas y rodillas adoptan cierta tendencia a flexionarse y aparece rigidez e inseguridad al girar el cuerpo. De forma imperceptible se altera la sensibilidad y la coordinación. A ello se añaden cambios en la visión que conllevan una disminución en la capacidad de percibir con claridad los objetos, un mal enfoque a distancias diferentes, una mala apreciación de las distancias y a veces incluso una pérdida de la capacidad cromática. Es más fácil tropezar con pequeños obstáculos domésticos o en la calle, ya que se pierde la capacidad de apreciar la altura de las aceras o escaleras.

Elimine riesgos de caída en su hogar

Las caídas pueden también ser causadas por enfermedades neurológicas, desvanecimientos, consumo de medicamentos o arritmias cardíacas.

- **Prevención:** Eliminar los riesgos de caída en el ambien-

te doméstico, por ejemplo, alfombras, cordones, escaleras sin barandillas y muebles pequeños en medio de las habitaciones. Acudir periódicamente al oculista. Realizar ejercicio en la medida de lo posible.
Se debe acudir al médico cuando se han producido tres caídas en corto espacio de tiempo.

- **Tratamiento:** La clave del tratamiento no es la búsqueda de una posible lesión como consecuencia de la caída, sino intentar averiguar por qué se ha producido.

Temblores Entendemos por temblor una oscilación mecánica y rítmica de cualquier parte del cuerpo. Se trata de un síntoma no relacionado de forma estricta con la edad si bien hay que reconocer que se da más frecuentemente por encima de los 60 años.
Pueden diferenciarse dos tipos de temblor: el de la enfermedad de Parkinson que afecta al 0,1% de la población general y a un 0,5% de las personas por encima de los 60 años y el esencial, que es de 12 a 15 veces más común.

El temblor esencial progresa de manera lenta

- **Síntomas del temblor esencial:** Es un temblor a la vez de postura y de movimiento. Comúnmente afecta a las manos, aunque las piernas, la cabeza, los labios y la voz pueden verse afectados. En casi todos los casos, el temblor esencial progresa de manera lenta y a lo largo de algunos años, pudiendo llegar, muy a largo plazo, a ocasionar cierto grado de incapacidad. En algunos casos excepcionales esto puede producirse rápidamente y ser causa de graves trastornos.
- **Causas:** Es desconocida, aunque en un 40% de los casos se detecta una historia familiar.

• **Tratamiento:** La mayoría de casos no requieren tratamiento y puede asegurarse que el temblor no representa una enfermedad grave del sistema nervioso central. Cuando el temblor se hace molesto para la calidad de vida, existen fármacos que deberán ser prescritos por su médico.

• **Síntomas de la enfermedad de Parkinson:** Los más clásicos son la rigidez, la bradicinesia y el temblor afectando aproximadamente a un 70% de ellos. En la mayoría de pacientes se advierte una inmovilidad en el rostro, contraído en actitud de sorpresa y ansiedad. La rigidez del tronco hace que sea difícil levantarse de una butaca o de la cama con una inicial tendencia a caer hacia atrás. La rigidez de los pequeños músculos de la mano, dificultan abrochar botones o firmar. La marcha a pequeños pasos se acompaña de la pérdida del movimiento de balanceo de los brazos y en conjunto el paciente se mueve cada vez más como si fuese de una sola pieza.

El estrés o la fatiga pueden acentuar el temblor

El temblor en reposo muchas veces comienza unilateralmente, afectando el pulgar, los dedos y la mano y produciendo en reposo un característico movimiento o temblor que remeda la acción de «hacer rodar píldoras». El clásico temblor en reposo desaparece al comenzar un movimiento voluntario, para reaparecer al reanudar la postura. El estrés o fatiga pueden provocar una acentuación del temblor, pero también se aprecian fluctuaciones notables sin la aparente presencia de ningún factor precipitante.

• **Causas:** Están en la existencia de una cierta superposición entre enfermedad de Parkinson y procesos neuroquímicos propios de la edad y el envejecimiento. Se ha observado que los enfermos de Parkinson presentan una disminución de los niveles de dopamina en el núcleo de la base del cerebro llamado estriado. En personas sin Parkinson este hecho se produce también, aunque más lentamente, con el paso de los años. Por eso se ha sugerido que la enfermedad de Parkinson representa un envejecimiento prematuro de dicho núcleo.

• **Tratamiento:** El médico llevará a cabo una evaluación neurológica completa, para establecer un tratamiento acorde con la historia médica del paciente: debe saber si ha sufrido pequeños accidentes vasculares cerebrales o si presenta algún cuadro neurológico más grave. Sin embargo, un apreciable número de pacientes disfrutan de los beneficios de tratamientos con estimulantes de la dopamina (dopaminérgicos como levadopa asociada a carbidopa) que les permite mantener su autonomía y facilitarles el movimiento.

Trastornos en huesos y músculos Hacia los 40 años hacen su aparición algunos dolores articulares hasta entonces desconocidos. Son, no obstante, molestias aisladas y episódicas que poco a poco en la etapa de los 50 a los 60 años, tienden a convertirse en algo más regular y permanente y seguir así hasta alcanzar la etapa de los 70 a los 80 en cuyo momento son molestias consideradas habituales (véase *Poner barreras al dolor,* de esta misma colección).

Los dolores articulares pueden aparecer hacia los 40 años

• **Causas:** Los cambios de tipo degenerativo de las articulaciones, como la osteoartritis o artrosis, son prácticamente universales y se relacionan con la edad, aunque la precocidad en su aparición y la intensidad de los síntomas debe reconocerse que es muy variable. Afortunadamente no siempre molestan en demasía. Por lo general afectan a una o varias articulaciones sometidas a sobrecarga de forma repetida (vértebras, rodillas, caderas, metatarsofalángicas) bien por obesidad, por alguna deformidad congénita o por razones de un trabajo que las somete a un uso, o mejor dicho, mal uso exagerado.

La evolución de la osteoartritis es muy variable; la de rodillas y caderas, por ejemplo, no tiene porque progresar inevitablemente.

- **Síntomas:** Los cambios que se observan radiológicamente no siempre guardan paralelismo con la aparición de los síntomas y signos: No es raro que personas con mucho dolor en sus rodillas o caderas no muestren cambios visibles en las radiologías, o personas con cambios radiológicos severos, que los toleran bastante bien.

La osteoartritis constituye una de las patologías crónicas en las que más influye el estilo de vida, los traumatismos, la inactividad y el sobrepeso y que pueden beneficiarse de algunas medidas preventivas.

La artritis que afecta una vértebra y su inmediatamente inferior, a nivel de sus procesos articulares, es algo bastante común a partir de los 60 años siendo una causa de dolor de espalda crónico. En ocasiones se acompaña de un deslizamiento de la vértebra sobre la que le sigue (espondilolistesis) y en estos casos el dolor acostumbra a ser severo. Los puntos más frecuentes en los que se produce son: la columna lumbar y cervical, agravándose a veces con cambios degenerativos del disco intervertebral (osteocondrosis) lo cual puede originar un estrechamiento del canal lumbar o menos frecuentemente, del cervical.

A veces, los signos inflamatorios articulares son muy importantes y se acompañan de derrame articular, puede sospecharse que la osteoartritis se ha complicado ya sea con condrocalcinosis o gota.

Otro tipo de problema lo constituyen los traumatismos. En las personas jóvenes los huesos son más resistentes que los ligamentos, tendones y músculos. Pero sucede lo contrario a los 70-80 años y entonces los músculos y tendones resisten más que el hueso adyacente, el cual puede sufrir fácilmente una microfractura.

A partir de los 70 los huesos son menos resistentes que los músculos

Cualquier dolor de comienzo agudo que empeora con la movilización y se calma con el reposo, debe hacer sospechar que se trata de una fractura de estrés y por tanto debe consultarse con el médico y controlarse radiológicamente transcurridas una o dos semanas, que es cuando se hace más visible.

- **Tratamiento:** La medicación más utilizada y que no se puede negar constituye un buen recurso, es el ácido acetilsalicílico y los antiinflamatorios no esteroideos. Pero, en general, es recomendable utilizarlos por corto espacio de tiempo, a dosis reducidas, utilizar los de acción corta y tener la precaución de protegerse el estómago para evitar el riesgo de hemorragia digestiva. En tanto dure el tratamiento deben vigilarse las constantes hematológicas, renales y hepáticas.

La cirugía ortopédica, a través de la artroplastia total de cadera y de rodilla, aporta un recurso excelente para aquellos casos avanzados en los que cualquier otro tratamiento ha fracasado.

Osteoporosis Se define así a la pérdida de masa ósea del cuerpo humano. La pérdida de masa ósea es un fenómeno universal con la edad y de ello resulta un riesgo de fractura al más mínimo trauma o incluso sin él. La inmensa mayoría de las fracturas de cuello de fémur se dan en personas de más de 65 años, de las cuales 75% son mujeres. Se calcula que al alcanzar los 90 años al menos un 32% de las mujeres han sufrido una fractura de fémur y lo mismo habrá ocurrido con un 17 % de los hombres.

- **Síntomas:** Dolor generalizado, fracturas de repetición, y en algunos casos, deformación de alguna articulación.
- **Causas:** Factores genéticos, sexo femenino, la menopausia prematura, el tratamiento con dosis excesivas de hormona tiroidea y el tabaco son factores cuya clara intervención no admite duda, mientras que otros como, por ejemplo, el aporte bajo de calcio o un estilo de vida sedentario aún se están investigando.

Es necesario prevenir la osteoporosis

- **Prevención:** Es necesario prevenir la osteoporosis antes de alcanzar una edad avanzada, dado el escaso resultado de todos los intentos para restaurar las pérdidas de masa ósea.

Las dosis elevadas de calcio pueden ser recomendables si el aporte diario de calcio es bajo; se puede suplementar hasta alcanzar los 800 mg diarios por lo menos, es decir, tres raciones de productos lácteos al día.

Los estrógenos son muy efectivos para preservar la pérdida de masa ósea en los diez años posteriores a la menopausia en mujeres con riesgo de osteoporosis.

La vitamina D debería darse a todas las personas de edad avanzada, en especial las que toman poco el sol, a una dosis diaria de 600 a 800 mg.

• **Tratamiento:** De entre los métodos más comúnmente usados por los médicos para valorar la osteoporosis cabe citar los test de densitometría de vértebras lumbares y fémur, asi como la tomografía computarizada de vértebra, aunque ésta es más costosa e irradia.

Recientemente se ha indicado que este tipo de estudios no debería usarse entre la población femenina en general, sino que su uso debería reservarse para la investigación y el estudio de casos concretos, ya que no se ha demostrado que la masa ósea en un momento determinado pueda servir para predecir la correspondiente en la edad avanzada así como el futuro riesgo de fracturas.

En espera de que se vayan perfilando las indicaciones clínicas de la densitometría, parece claro que el tratamiento de las personas ancianas con osteoporosis, difiere del de las personas más jóvenes. Aunque existen pocos estudios realizados en personas de 75 años, se observa que la pérdida de hueso tiende a estabilizarse, o al menos enlentecerse, en las mujeres a partir de los 70 años por lo que la terapéutica a esta edad está destinada a tener poco impac-

La osteoporosis

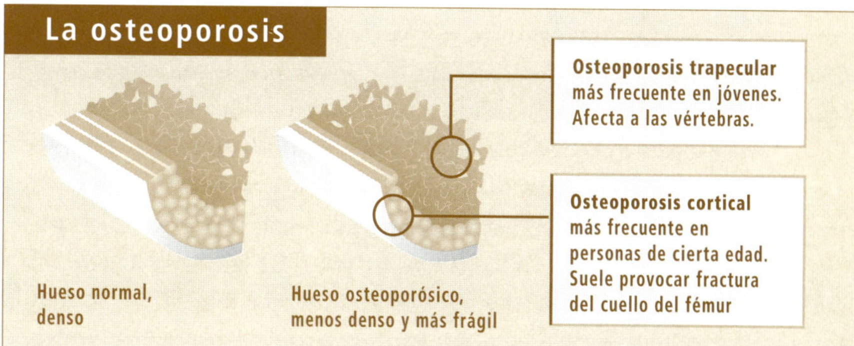

to, mientras, por el contrario, parece ser importante en los años inmediatamente posteriores a la menopausia.

Incontinenencia urinaria Se llama así a la pérdida involuntaria de orina, a través de la uretra. La incontinencia urinaria es un problema común entre la población de mayor edad, si bien es difícil acceder a cifras reales dado que una parte de las personas afectadas tienden a esconder el problema y a considerar que constituye parte «normal» de la senectud.

Muchas de las causas de la incontinencia pueden solucionarse

- **Causas:** son diversas y muchas de ellas susceptibles de ser aliviadas.

Si se produce sólo por la mañana después del desayuno puede alertar sobre la toma de algún diurético; sólo antes del desayuno y al ponerse de pie, puede ser debida a estrés en una vejiga repleta de orina; sólo nocturna depende mayormente de la reasbsorción de líquidos con el reposo nocturno y también de la administración de sedantes o la ingestión de alcohol.

La disuria, es decir, dolor miccional acompañante, puede deberse a una posible infección de orina o a una vaginitis. El médico valorará todos los factores para identificar la causa de la incontinencia y para intentar corregirla en lo posible. Un método como la urodinámica directa, que puede practicarse a la cabecera de la cama, permite medir el volumen residual, la capacidad de la vejiga, la velocidad de llenado, las contracciones del detrusor y las maniobras de esfuerzo, todo ello de forma relativamente sencilla.

En los varones, la próstata puede aumentar de tamaño y puede impedir el vaciado de la vejiga por bloqueo mecánico. Ello requiere una intervención quirúrgica y con posterioridad puede ocurrir que el cuello vesical no funcione bien y provoque incontinencia.

En las mujeres, los partos numerosos, la laxitud muscular por menopausia, el prolapso de vejiga o el envejecimiento pueden impedir el correcto funcionamiento de los esfínteres interno y/o externo. Como consecuencia aparece la incontinencia denominada de estrés, que provoca un escape al toser, estornudar, realizar esfuerzos físicos o andar rápido.

Otras veces, los nervios de la vejiga pueden estar lesionados por culpa de una diabetes o de un problema de alcoholismo, o afectados a causa de un ictus, una enfermedad de Alzheimer o un Parkinson.

Deben tenerse también en cuenta los impulsos generados sobre la vejiga por las infecciones del tracto urinario, vaginitis, impactación fecal y en muchos casos, adenoma de próstata.

- **Tratamiento:** El tratamiento, recetado por un médico, dependerá de la causa; por ejemplo: Puede incluir anti-

Cómo funciona la vejiga

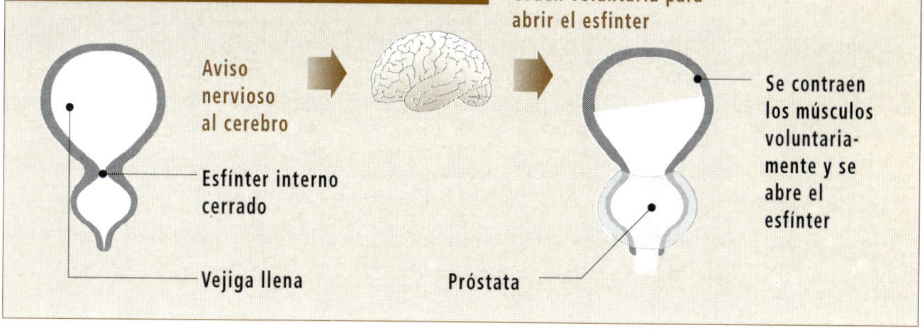

bióticos en el caso de infección, estrógenos para la vaginitis atrófica, tratamiento del estreñimiento (dieta, ejercicio, beber agua...) cuando se presenta impactación fecal, antidepresivos en la depresión y buen control metabólico en el caso de diabetes mellitus.

En ocasiones basta con cambiar un sedante neuroléptico, o bien un antidepresivo por otro con menos efecto anticolinérgico, o en otros casos retirar un diurético.

En los casos de incontinencia por estrés, un 60% de los afectados mejoran con alfa-adrenérgicos, a lo que a veces se añaden estrógenos.

Existen también intervenciones realizadas bajo anestesia local aplicables en algunos casos.

La incontinencia por rebosamiento puede tratarse mediante cateterización intermitente.

Por supuesto existe una línea completa de absorbentes para los adultos incontinentes, así como catéteres con condon, aplicables en los varones, para hacer más llevadera la situación cuando ésta no puede minimamente controlarse.

En muchos individuos con incontinencia mínima o esporádica las prendas absorbentes constituirán la mejor elección.

En muchos casos, la incontinencia puede solucionarse

Gran parte de los afectados de incontinencia no siempre buscan ayuda por el concepto muy negativo que tienen del problema; cabe resaltar también el poco interés de algunos médicos que adoptan una posición pasiva como si nada pudiese hacerse para mejorarlo cuando no es así, sino que incluso en algunas ocasiones, con la colaboración entre unos y otros, puede resolverse muy satisfactoriamente.

Incontinencia fecal Se llama así, a la pérdida involuntaria de heces a través del esfínter anal.

• **Causas:** El estreñimiento y la impactación fecal constituyen una de las causas más frecuentes. La acumulación de materia fecal en el recto reduce la capacidad de las terminaciones nerviosas para distinguir el líquido fecal de los gases. A ello se añade el moco producido por el recto con el estímulo de las propias heces. Se disuelven los facalitos y se excreta de forma involuntaria. Las heces más blandas que proceden de la parte alta del colon, empujan las más endurecidas de la parte baja y se expulsan también de forma involuntaria.

Existe también una incontinencia fecal en pacientes con gran atrofia cerebral y generalmente en fase de demencia y que generalmente expulsan las heces después de cada comida gracias al reflejo gastrocólico. En estos casos hay que atender al paciente teniendo en cuenta la rutina de su horario.

Controle el estreñimiento con una dieta correcta y ejercicio

• **Tratamiento:** El remedio consiste en asegurar un buen control del estreñimiento mediante una dieta rica en fibra, ejercicio, supositorios de glicerina o, en último término, enemas de limpieza. (Véase, en esta misma colección, *Comer bien para vivir mejor*).

Alteraciones de la piel y el cabello La aparición de canas, algo normal con el paso de los años, está influida por factores genéticos y tiene un inicio mucho más precoz en personas de piel y cabello claros. Es algo frecuente a partir de la tercera o cuarta década. Las arrugas y sequedad de la piel se relacionan con la pérdida de

Un déficit de vitamina B puede provocar alteraciones cutáneas

grasa subcutánea, cambios en las fibras elásticas y disminución de las secreciones. La exposición al sol influye de forma esencial en los cambios que progresivamente sufren los tegumentos, especialmente en las partes más expuestas (cara, cuello, dorso de las manos) y favorece la aparición de procesos premalignos y malignos de la piel. En el 75% de las personas de edad se observan problemas en la piel: tumores, eczemas, pruritos, úlceras de la pierna y psoriasis. El restante 25% presenta rosácea, infecciones, erupciones por fármacos y alopecia.

Las enfermedades de la piel entre las personas de mayor edad con frecuencia adquieren formas de manifestación diferentes, aspectos y comportamientos algo atípicos que las hacen complicadas de identificar y fácilmente llevan a un diagnóstico erróneo. Así por ejemplo, las **dermatitis** a menudo adoptan una forma crónica y tienden a extenderse mediante un proceso de autoeczematización al tiempo que responden mal al tratamiento; o la **exposición a un estímulo tóxico** cuyas consecuencias tardan en manifestarse entre las personas mayores debido a un prolongado período de latencia, permitiéndoles una continuada y aparentemente inocua exposición al tóxico, hasta que súbitamente el tejido colapsa y se ulcera.

Otras enfermedades cutáneas tienden a regresar con los años. Es el caso de la dermatitis atópica y también de la psoriasis. Algunas, como la dermatitis seborreica, empeoran notablemente si el paciente debe permanecer inmovilizado en cama por cualquier motivo. También empeora con el transcurso de los años la rosácea, muchas veces iniciada en la etapa adulta, y que a medida que transcurren los años se hace más severa.

Alteraciones cutáneas debidas a carencias de vitaminas o minerales son fácilmente infravaloradas o confundidas. Es el caso del perleche o boqueras, producidas por el déficit de vitamina B pero que recuerda a la candidiasis, o bien la acentuación de la sequedad de la piel por déficit de hierro. También el deficit de cinc es capaz de producir un tipo exótico de rash cutáneo de difícil identificación. En todo caso debe tenerse en cuenta que en esta etapa de la vida es frecuente seguir una dieta poco adecuada.

- **Prevención.** Cabe recomendar:
- La vigilancia médica periódica de la piel.
- Una alimentación equilibrada.
- Evitar los trabajos repetitivos, sin descanso.
- Hacer ejercicio.
- Una higiene corporal adecuada.
- Beber 1,5 litros de agua al día.
- Secar bien los pliegues cutáneos y espacios entre dedos.
- Relajarse antes de ir a dormir, para evitar el insomnio.

Depresión Es una enfermedad del estado de ánimo que no deja ver las cosas tal como son.

No es exagerado considerar que entre un 15 y un 20 por ciento de las personas por encima de los 65 años tienen síntomas depresivos que requieren atención médica. Pero la realidad es que tan sólo una pequeña porción de ellas acude a su médico en solicitud de ayuda. Aunque las reacciones de pesadumbre y melancolía son muy comunes en esta etapa de la vida y no deberían confundirse con la depresión, también es verdad que la vejez es una edad en la que progresivamente se van acumulando renuncias, pérdidas y carencias (pérdida de autoestima, viudedad, alejamiento del ambiente y de la actividad y pérdida de relación social, problemas económicos, limitaciones físicas, pérdida de independencia) y por tanto no debe sorprender que la depresión pueda alcanzar a muchos. Especialmente la depresión reactiva y de carácter leve, ya que el porcentaje de depresión grave se mantiene alrededor del 3%. Pero no por ello deja de convertirse en un problema amenazador y capaz de disminuir la calidad de vida. Familiares, amigos, incluso en ocasiones los propios médicos, prestan poca atención a los síntomas del paciente considerando que, al fin y al cabo, es una situación muy común, inherente al propio proceso de envejecimiento, sobre todo si existen causas médicas concurrentes (cáncer, cardiopatías, trastornos neurológicos diversos, enfermedad de Parkinson, accidente vascular cerebral). Por otro lado, la depresión puede constituir a veces un síntoma de una enfermedad no diagnosticada, como por ejemplo un cáncer o también desencadenada por la administración de fármacos con fines terapeúticos (reserpina, clonidina, metildopa, propanolol, corticosteroides).

- **Síntomas:** Pueden consistir en una disforia inexplicable, pesadumbre, sensación de insatisfacción, pérdida de apetito, disminución de peso, insomnio, fatigabilidad, disminución del apetito sexual, falta de autoestima, sentimiento de culpa, disminución de la capacidad de fijar la atención y pérdida de memoria, pesimismo, temor al futuro, preocupación e ideas de suicidio.
- **Tratamiento:** El tratamiento con fármacos antidepresivos logra que aproximadamente un 60 % de los pacientes

mejore, aunque muchos de ellos retengan síntomas residuales significativos. El fármaco a utilizar se escoge en función del grado de apatía o ansiedad asociada a la depresión.

Las personas de edad y con depresión deben ser tratadas de forma enérgica y con dosis suficientes de antidepresivos, durante un plazo de tiempo largo, hasta lograr una buena recuperación. Las dosis son semejantes tanto para el inicio del tratamiento como para la etapa de mantenimiento, una vez iniciada la remisión.

Las familias y el médico de cabecera son los que más a menudo deben reconocer la depresión y facilitar que el paciente pueda emprender el tratamiento adecuado. La psicoterapia de apoyo es útil en los pacientes con depresión leve y ayuda a facilitar el contacto interpersonal y a modificar las pautas de conducta.

Demencias Aunque la pérdida de memoria puede considerarse normal o síntoma de una depresión o efecto derivado del consumo de algunos fármacos, todo paciente de más de 65 años que consulta al médico por estar perdiendo memoria puede estar iniciando una demencia.

Entendemos por demencia una alteración de las funciones intelectuales, causada por una alteración orgánica del cerebro, que no se asocia a trastornos en el nivel de conciencia, y cuya severidad daña la inteligencia e interfiere la vida de relación social y la actividad ocupacional.

- **Síntomas.** Los pacientes a menudo padecen:

• Un trastorno de la memoria que hace olvidar hechos de la vida pasada y no permite adquirir nueva información.

- Alteraciones en al menos una de las siguientes facultades: capacidad de razonar, juicio crítico, trastornos del habla (afasia), del reconocimiento (agnosia), de los movimientos, gestos y acciones dirigidas (apraxia).
- Existe interferencia en la actividad de relación social y ocupacional.
- No se debe a una alteración de la conciencia (el paciente no está confuso ni delirante).
- Persiste por lo menos durante seis meses.

El paciente suele acudir a la consulta del médico acompañado por algun familiar. Rara vez un paciente demenciado, incluso en una fase precoz, consulta por iniciativa propia ya que la conciencia de que está enfermo y que sus facultades mentales están sufriendo alguna merma se pierde con la demencia.

Muchas veces se detectan algunas dificultades o déficits de las facultades superiores, como por ejemplo pérdida de memoria, aunque paralelamente se pueden desarrollar actividades complejas que requieren una memoria reciente intacta –como por ejemplo recordar correctamente y por escrito un poema– y que evidentemente no se podrían realizar con una demencia en curso, incluso en su fase incipiente. Se trata muchas veces de personas que sufren una depresión, cuya manifestación más patente son los déficits cognitivos pero que también están poco atentas, tristes, irritadas. Cuando exista una falta de ilusión, alteraciones del sueño y se llore con facilidad, vale la pena probar un tratamiento con antidepresivos, siempre bajo indicación médica.

En cuanto a la pérdida de memoria hay que diferenciar los olvidos benignos, a menudo sobre temas triviales y que no deben relacionarse con el envejecimiento, de otros mucho más graves y que pueden sorprender, como por ejemplo olvidar el nombre de un hermano o un familiar con el que a lo mejor se convive. Paralelamente debe averiguarse si el paciente es capaz de orientarse en la calle, en su casa, su comportamiento en la mesa, su aseo personal, etc. A menudo hay que vencer el obstáculo de un paciente capaz de dar respuestas estereotipadas y sencillas, suficientes para confundir y dar la sensación de normalidad y que al ser interrogado sobre temas más complejos, a veces relacionados sobre lo que ha constituido su experiencia personal y profesional, no pueda responder o se niegue a contestar o incluso responda airado. Existe un cierto pudor a revelar la pérdida de la capacidad de raciocinio.

En algunos casos aparecen síntomas de tipo paranoide, a menudo relacionados con una preocupación por el empobrecimiento (refieren que les roban la pensión, o que les roban el agua, familiares o vecinos, desarrollando un verdadero delirio).

- **Frecuencia:** La frecuencia aumenta con la edad, siendo de un 1 % a los 65 años, de un 10 % a los 75 años y alcanzando el 45 % a los 90 años. No obstante es un error creer que la demencia es algo normal entre las personas ancianas. Lo cierto es que su frecuencia aumenta con la edad pero las causas no dependen exclusivamente del proceso de envejecimiento.
- **Prevención.** Es necesario realizar diariamente ejercicios de memorización: Practique juegos que estimulen la memoria (cartas, dominó), repetición de canciones, leer diariamente (periódicos, libros).

• Cuando intente aprender alguna nueva información, debe aislarse y evitar que lo distraigan. Para aprender y recordar lo estudiado se debe concentrar.

• Aunque es probable que recuerde perfectamente lo que aprendió o le ocurrió en sus años jóvenes, puede resultarle más difícil recordar lo que hizo ayer. Deberá hacer un esfuerzo de asociación (dónde estaba, con quién hablaba, qué estaba comiendo, etc.?).

• Lo que le costará más aprender y memorizar, son los nombres de las personas que acabe de conocer (sobre todo si tiene mucho estrés o siente cansancio). Debe asociar el nombre a la persona y fijarse mucho en las dos primeras letras de su nombre.

• Intente anotar en una agenda las citas y los encargos rutinarios y acuérdese de consultarla. Dejará de sobrecar-

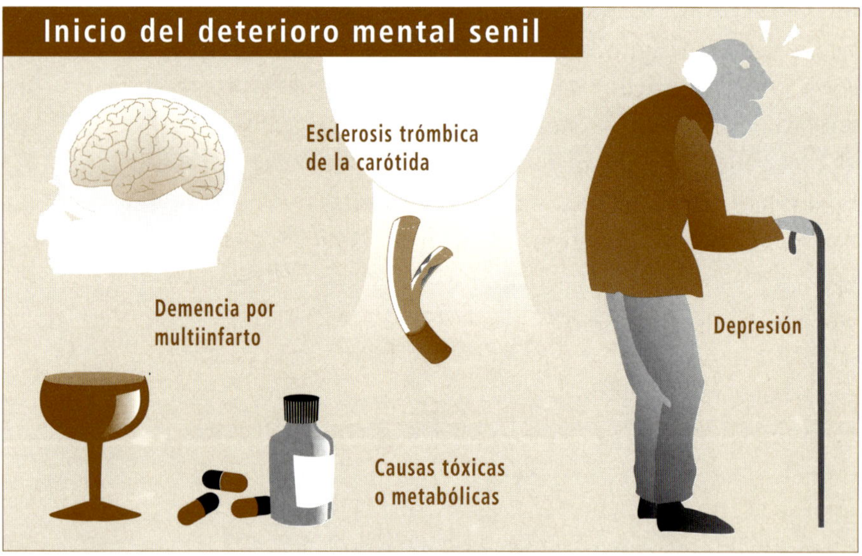

Inicio del deterioro mental senil

gar su memoria con datos que no necesita, y reservará energías para asociar y crear.

• Muchas veces no puede recordar nombres y palabras porque suele pensar muchas ideas al mismo tiempo. Relájese, incluso intente hacer varias respiraciones profundas y logrará encontrar el hilo de su memoria.

Sobre todo no intente realizar dos actividades complejas al mismo tiempo, proeza difícil para cualquier etapa de la vida que puede resultar imposible a partir de los 60 años.

● **Diagnóstico:** Las exploraciones siguientes pueden confirmar o descartar que la demencia sea tratable:

• Una TC (Tomografía computerizada) craneal permite detectar infartos cerebrales, procesos tumorales, la posible presencia de un hematoma subdural o bién una hidrocefalia normotensiva (asociada a trastornos de la marcha e incontinencia urinaria, que con frecuencia preceden a la demencia). En algunos casos puede ser mejor la RM (Resonancia magnética).

• Una analítica que incluya hormonas tiroideas (para detectar un hipotiroidismo), vitamina B12, acido fólico (para detectar su déficit), serología para sífilis.

• Finalmente, debe valorarse la influencia de los fármacos que se estén tomando (benzodiacepinas, neurolépticos, antihistamícos, antidepresivos, antidiabéticos orales).

En el caso de la enfermedad de Parkinson, hay que tener en cuenta que algunas formas clínicas se acompañan de demencia y que la medicación puede acrecentarla.

Enfermedad de Alzheimer Es una de las formas de demencia más frecuentes (un 50-60% del total).

Se caracteriza por un comienzo insidioso y progresivo en el que la primera función que se afecta es la memoria, especialmente para los hechos recientes y a los que casi simultáneamente se asocian trastornos de la orientación en el tiempo y en el espacio.

Seguidamente aparecen trastornos del habla, con lenguaje desordenado y dificultad progresiva para asignar el nombre correcto a los objetos, y una pérdida asociada de las habilidades, concretamente de los movimientos y gestos y de las acciones dirigidas.

A menudo existe también una disminución del olfato y, poco a poco y a medida que se entra en una fase avanzada de la enfermedad, la marcha se hace cada vez más dificultosa, se acentúa una desorientación que lleva a desconocer a los propios miembros de la familia, un incontrol de los esfínteres, problemas para comer, ya que el paciente se atraganta con facilidad, hasta quedar una buena parte del día encamado o, en su defecto, en la silla de ruedas, y falleciendo al final a causa de complicaciones infecciosas.

El diagnóstico se basa en el cuadro clínico típico con exclusión de otras causas de demencia, sin que en la mayoría de casos pueda disponerse de un diagnóstico histológico de confirmación.

A pesar de ello y de no disponer de métodos de laboratorio para confirmar el diagnóstico se da pocas posibilidades de equivocarlo.

No existe por el momento ningún tratamiento eficaz, debiéndose actuar sintomáticamente en función de las diversas complicaciones que pueda sufrir el paciente.

La familia debe buscar consejo para saber cómo manejar al enfermo. En general es útil que la vida sea lo más rutinaria posible, con horarios bien establecidos y respetados, evitando los cambios de domicilio que aumentan la desorientación de paciente; los baños deben adecuarse para facilitar su utilización; debe procurarse no gritar ni reñir al paciente para evitar que se agite. Como la capacidad de razonar se ha perdido, es mejor en lo posible no llevarles la contraria pera luego proceder de forma adecuada. En las etapas finales, la silla de ruedas es casi inevitable, así como el uso de absorbentes y muchas veces para evitar una posible aspiración en los pacientes que se atragantan fácilmente, hay que alimentarlos por sonda.

El diagnóstico de Alzheimer difícilmente es erróneo

Demencia multiinfarto También denominada demencia vascular, incluye del 20 al 30% de todas las demencias.

Se caracteriza por signos neurológicos, con empeoramiento progresivo y en ocasiones abrupto, en los que la alteración de las funciones superiores se ve acompañada de episodios de carácter grave.

- **Causa:** En la mayoría de ocasiones, esta demencia está provocada por un infarto cerebral importante o bien varios pequeños infartos.
- **Prevención:** Por lo general, existen factores de riesgo vascular conocidos, como hipertensión o cardiopatía embolígena. Junto a las alteraciones motoras de carácter focal que pueden orientar, muchas veces se aprecian trastornos pseudobulbares.

La tomografía computarizada (TC) o la resonancia magnética cerebral (RM) ayudan a diferenciar estos casos.

- **Tratamiento:** Será sintomático y dirigido a eliminar la causa inicial.

Preguntas al Doctor

Desde hace algún tiempo el abuelo protesta constantemente, lo critica todo y se imagina siempre lo peor. Realmente es difícil convivir con él y no hay manera de hacérselo ver.

Pueden ser síntomas de angustia. Si no se sabe cómo manejar el estrés se recurre al alcohol, al tabaco, a la comida como gratificación, se abusa de ciertos medicamentos y se rehúyen las situaciones problemáticas.

Físicamente se sufren erupciones cutáneas, mayor frecuencia de resfriados, taquicardia, dolores musculares, tics faciales...

La familia y los amigos pueden ayudar ofreciendo comprensión y tiempo para conversar.

Es importante también que se alimente equilibradamente, que haga ejercicio, que se relaje y busque actividades interesantes y/o de evasión: música, películas, lectura, juegos... No menosprecien la imaginación y el humor, que comparta ratos de ocio con amigos y amigas de su misma edad y no olvide que las excursiones culturales y/o gastronómicas pueden ser muy útiles para mejorar su estado de ánimo.

Resumen de soluciones		
Problemas	**Motivo**	**Solución de los problemas**
No tiene nada que hacer.	Jubilación. Los hijos se van de casa. Limitaciones impuestas por enfermedad.	Máxima dedicación a las aficiones de siempre: pintar, bricolage, coleccionismo... Buscar obligaciones: recoger a los nietos en el colegio, tareas domésticas, estudiar, ir a conciertos, practicar un deporte...
No sabe con quién hacerlo.	La jubilación cambia las posibilidades de comunicación y las restringe.	Acudir a clubes, establecer contacto con personas que compartan aficiones, viajar.
No puede moverse por casa.	Dolor de pies. Artritis, dolor óseo. Demasiados muebles. Barreras arquitectónicas.	Acudir al podólogo regularmente. Evitar la obesidad. Evitar barreras arquitectónicas en la casa. Consultar con el médico los problemas de artritis.
Compruebe la seguridad de su casa.	Prevención de incendios.	Revise su instalación de gas y electricidad. Elimine estufas en mal estado. Retire otros aparatos peligrosos.
Mala higiene personal y del hogar.	Incontinencia. Aislamiento, soledad. Dolor o rigidez.	Utilizar dispositivos para la incontinencia. Buscar ayuda entre familiares o instituciones locales para la limpieza del hogar. Tomar algún antiinflamatorio contra el dolor.
No se alimenta adecuadamente.	Dificultad para comprar. Dificultad para cocinar. Dificultad para masticar.	Familia, asistencia social u otra ayuda para comprar, cocinar o llevar la comida a domicilio. Acudir regularmente al odontólogo. Cuidar la dentadura.
Se cae fácilmente.	Pérdida de visión. Toma de sedantes. Mala organización en casa.	Visitar al oftalmólogo. Retirar alfombras, cordones eléctricos, baldosas mal ajustadas y otros posibles obstáculos. Comentar con el médico la dosis de sedantes.
No toma su medicación.	Faltan instrucciones. Demasiados medicamentos y poca confianza en su necesidad.	Solicitar instrucciones del médico, claras y por escrito. Colocarlas en un lugar bien visible. Ordenar los medicamentos según el día y la hora.
Miedo de no poder oír o avisar en caso de urgencia.	Sordera. Soledad.	Consultar médico para que retire posibles tapones de cera y recete audífonos si hace falta. Consultar con la Cruz Roja o Ayuntamiento sobre algún servicio de control a domicilio. Llevar un silbato o un teléfono portátil.

Círculo de Lectores destinará parte de los ingresos obtenidos por la venta de este libro a la Fundación de Ayuda contra la Drogadicción (FAD), presidida por Su Majestad la Reina.

Primera edición: noviembre 1995.
Diseño: Winfried Bährle/Àngels Soler (infografía). Producción: Susanne Werthwein. Edición a cargo de Clara Sabrià i Miracle. Ilustración de la cubierta: Lázaro Enríquez. Círculo de Lectores S.A. Valencia, 344, 08009 Barcelona.
5 9 1 0 9 8 7 6 5 4 3 2 1

Depósito legal: B. 33616-1995. Fotocomposición: gama, sl. Impresión y encuadernación: Printer industria gráfica, s.a. N. II, Cuatro caminos s/n, 08620 Sant Vicenç dels Horts. Barcelona, 1995. Impreso en España.
ISBN 84-226-5230-7
N.º 24414